CHOCOLATÉ

Samy Manga

CHOCOLATÉ

Le goût amer de la culture du cacao

écosociété

Coordination éditoriale: Barbara Caretta-Debays

Assistance éditoriale: Roxanne Locas

Maquette et illustration de la couverture: Catherine D'Amours, Nouvelle Administration

Typographie et mise en page: Yolande Martel

Photo de l'auteur: LausannePhoto Studio – Andreas Layer

ISBN 978-2-89719-866-4

Dépôt légal 2e trimestre 2023

Les Éditions Écosociété reconnaissent l'appui financier du gouvernement du Canada et remercient la Société de développement des entreprises culturelles (SODEC) et le Conseil des arts du Canada de leur soutien.

Gouvernement du Québec – Programme de crédit d'impôt pour l'édition de livres – Gestion SODEC.

TABLE DES MATIÈRES

Hommages éternels aux arbres
des forêts tropicales équatoriales,
un million de pensées vertes
en faveur de la planète Terre.

L'esclave qui n'est pas capable d'assumer sa révolte
ne mérite pas que l'on s'apitoie sur son sort.
Cet esclave répondra seul de son malheur s'il se fait
des illusions
sur la condescendance suspecte d'un maître
qui prétend l'affranchir.
Seule la lutte libère.

– Thomas Sankara, révolutionnaire et président
assassiné du Burkina Faso (1949-1987)

1. Libellules éventrées

Noces des Afriques et mangroves dénudées, eaux fauves venimeuses et claquement d'ossements. Solennelle verticalité crépue, soleil noir treize fois amputé. Épitaphes de sang travesties, litanies des saintes rivières en fleuves brûlés. Octogone des forêts aux cent racines égorgées.

2. Le rituel de la fève

En 1990, j'avais à peine 10 ans, mais je bénéficiais déjà d'une grande expérience de la culture du cacao. Depuis le berceau, j'accompagnais mon grand-père à travers les forêts vierges et les savanes hostiles, à la conquête de nouvelles terres qui devaient servir à étendre sa plantation qui avait déjà la taille de quatre terrains de foot. Souvent, les distances parcourues étaient telles qu'au retour de ces longues journées de travail, alors que le ciel et moi tombions littéralement de fatigue, mon grand-père devait me porter sur ses épaules, en plus d'un lourd sac rempli de fruits et de tubercules de la forêt d'Afane-Ibandè, dans la région du centre du Cameroun.

Depuis mon plus jeune âge, mes oncles, mes frères aînés, grand-père et moi avions défriché des hectares de forêts, brûlé des montagnes d'herbes, délié des kilomètres de lianes et creusé des milliers de trous au début de chaque nouvelle saison agricole. Mais bien avant ce labeur, grand-père transformait le flanc de la rivière en une gigantesque pépinière où nous passions des semaines à enterrer des fèves de cacao sélectionnées et réparties dans des sachets plastiques remplis d'une terre noire composée de détritus alimentaires, d'humus et d'engrais acquis auprès des acheteurs de cacao.

Des centaines de sachets contenant des fèves en germination étaient ainsi géométriquement disposés sous un grand hangar de palmes aéré, dans des allées carrées et rectangulaires à travers lesquelles on pouvait circuler sans difficulté pour bien surveiller la croissance de chaque plante. Puis venait le temps des grandes corvées où nous étions tenus d'arroser deux fois par jour cette immense pépinière qui couvrait plus de la moitié du flanc de la rivière. Cette activité était aussi devenue un moyen de punition pour grand-père. Si l'un de nous commettait une quelconque bêtise passible de sanction, il savait ce qu'il lui restait à faire pour éviter la sentence du long fouet en queue de cheval qui n'était jamais loin du patriarche. Pour le garçon turbulent que j'étais à cet âge-là et qui accumulait un nombre incalculable de sottises, l'arrosoir était donc vite devenu un fidèle compagnon avec qui je parcourais 80 rangées de sillons de 12 mètres de long, tous les matins et toutes les fins d'après-midi avant la tombée de la nuit.

Du haut de mes 10 ans, formé à la baguette par mes aînés, j'étais devenu un vaillant et futé petit général des forêts qui partait régulièrement en guerre contre les colonies d'insectes et autres chenilles dévoreuses qui attaquaient les jeunes feuilles et les pépins de notre plantation de cacao. Armé d'un pulvérisateur à manivelle, je passais les week-ends à arroser les plantes de fongicides, les sols d'herbicides et autres produits chimiques qu'on utilisait pour tuer les mauvaises herbes et garantir de bonnes récoltes. C'est ainsi que nos vies se résumaient au même mécanisme, au même mouvement de rotation, à la même mission annuelle, et malgré cette insolente routine qui dictait sa loi en forme de normalité existentielle, chaque saison de corvée venait avec son lot d'épuisement, sa cargaison d'incertitudes, ses joies éphémères et ses tonnes de soucis brûlants. Chaque année, on voyait apparaître de nouveaux cas de maladies épidermiques, des infections respiratoires, des intoxications alimentaires, des problèmes de cécité et des décès clairement attribués aux manipulations répétitives des produits chimiques que les gens de la ville venaient vendre aux villageois pour mieux fertiliser les sols déjà très abîmés. Bien qu'un petit groupe de planteurs se soit prononcé contre l'utilisation de certaines marques d'insecticides extrêmement dangereux, à l'exemple du Gamofel, les drames se succédaient, et cela ne suffisait toujours pas à éveiller la suspicion des autorités villageoises.

L'honorable chef brillait par son silence, étrangement indifférent à toutes les plaintes qui remettaient en question le *business* de ses amis blancs, ceux qui approvisionnaient une trentaine de villages du département de la Mefou et Afamba en outils agricoles et en produits chimiques. Quant aux hypothèses d'empoisonnement qu'évoquaient certains esprits avisés, les notables du village s'en dédouanaient publiquement, estimant qu'il en allait de l'irresponsabilité des utilisateurs de ces produits. Selon eux, les victimes ne devaient donc s'en prendre qu'à elles-mêmes. Et, comme pour détourner les véritables sources de ces tragédies, une caste de courtisans véreux de la chefferie ne tardait pas à jouer le jeu de la dissuasion pour trouver des coupables taillés à la mesure des désastres qui s'abattaient sur la contrée. De bouche à oreille, ils renversaient subtilement l'opinion communautaire contre les vieilles personnes du village, désignées comme les responsables incontestables des accidents et autres décès étranges. Au fil des drames, il était courant de voir une vieille femme édentée ou un vieil homme courbé par le poids des années mis à nu, frappés et torturés dans le but de leur soutirer des aveux devant le chef, les notables et toute la communauté villageoise.

La plupart du temps, ces mafieux de la chefferie s'en prenaient à des personnes âgées quasiment sans famille, qui étaient ainsi humiliées pour qu'elles confessent publiquement leur culpabilité. Souvent, les résultats attendus étaient très concluants, disons à la hauteur des souhaits du pouvoir dirigeant, ou plus précisément, de certaines élites malveillantes associées à la cour du chef. Par la force des choses, ces vieilles personnes torturées finissaient par endosser la responsabilité de toutes les accusations à leur encontre. Autant dire que le degré de torture qui leur était infligé ne leur laissait aucune autre possibilité, les bourreaux s'appliquant monstrueusement à les étrangler avec joie devant l'assistance.

Pour faire parler rapidement ces soi-disant sorciers, on les rouait de coups jusqu'au sang, après quoi on leur faisait goûter à la symbolique pénitentielle du Christ en leur accrochant de lourdes croix en bois autour du cou et en les obligeant à marcher sous le soleil en haillons. Les mains liées dans le dos, on les faisait ainsi traverser l'affligeant désert de Jésus. On les forçait à boire des assiettes entières d'eau faussement bénite afin que le Saint-Esprit du prêtre blanc qui venait dire la messe tous les dimanches agisse au nom du Miséricordieux aux yeux bleus. Lorsque les désignés sorciers résistaient et ne passaient pas aux aveux, on envoyait des jeunes gens couper des fagots de tiges de macabo qui devaient servir de supplice suprême pour faire parler les accusés.

La tige de macabo est essentiellement souple et sans danger pour le commun des mortels, il suffit d'ailleurs de la frapper sur n'importe quel objet pour qu'elle se désagrège. Mais les initiés traditionnels, les adeptes de l'invisible et ceux qui avaient quatre yeux, comme on dit, racontaient que, dans les sphères maléfiques où les mauvais sorciers opéraient en toute tranquillité pour anéantir le monde, la tige de macabo était crainte et reconnue comme un brûlant poison mystique pour tous les mangeurs d'âmes. Ce que les simples d'esprit voyaient à la lumière du jour comme de simples branches de mousseline recouvertes de fibres vertes inoffensives était en fait, dans le monde ténébreux de la magie sale, de mystérieuses lames tranchantes, des poignards aiguisés, des épées de désintégration féroce, des machettes coupe-cœur et coupe-veines qui avaient le pouvoir de tuer les esprits malveillants en les mettant hors d'état de nuire. Dans certains cas, lorsque les faits étaient véridiques, s'ensuivait la mort du coupable au neuvième jour après ce rite à la tige de macabo.

Ce jour-là, l'imperturbable chef du village fumait sa pipe de chanvre au calme, sourd à la clémence implorée par ces personnes faussement inculpées. Devant l'insoutenable douleur qu'ils risquaient de subir, les accusés finissaient toujours par passer aux aveux. Écrasés de peine, n'ayant plus une seule once de force pour nier quoi que ce soit, ils reconnaissaient les accusations portées à leur endroit sans même avoir compris leur gravité. Ils avouaient avoir inventé des épidémies, programmé des accidents, empoisonné des personnes, attaché des fillettes à des fagots de grigris, intoxiqué des femmes stériles, envoûté des couples, saboté les terres et les cultures, poussé de jeunes garçons à la folie en les rendant irrespectueux, sexuellement impuissants et ainsi de suite. Sans exception, tous les maux et tous les malheurs devaient être reconnus et imputés à de vieilles personnes sans famille pour assouvir la cruauté communautaire.

Ces agressions à ciel ouvert me fendaient littéralement jusqu'au cœur de l'âme. Je pleurais souvent en secret et explosais de colère entre les couloirs des cases. Je maudissais ce chef et sa troupe de malhonnêtes, je détestais ces gens de mon village dont une pincée menait les autres à la baguette comme de serviles marionnettes complètement aliénées. Au fond de moi, je luttais, seul contre tous. Je me tenais avec force aux côtés de ces personnes âgées dont on foulait la dignité aux pieds et qu'on torturait sans aucune preuve concrète. En serrant les poings et en me mordant les lèvres, j'aidais mes amis à se cramponner à la vie, à supporter l'injustice, les injures, les crachats, les ricanements, les coups de fouet, et mon esprit suffoquait de douleur avec ces accusés à la peau brûlée.

3. La tyrannie de l’or vert

Au cours de notre adolescence, mes frères et moi avons transporté des tonnes et des tonnes de cabosses de cacao qui suivaient un épuisant processus de transformation : coupe, récolte, transport, concassage, triage, malaxage, fermentation et stockage des fèves, avant de passer de longues semaines à faire des allers-retours entre le grand séchoir de la cour et le grenier, en fonction du moment où le soleil apparaissait ou disparaissait au fil des jours.

La semaine précédant le grand jour de vente était généralement paisible. Les villageois traînaient torse nu devant les maisons, ils remuaient les fèves, apprêtaient les sacs et caressaient le sang de leurs efforts avec une pointe de sourire aux lèvres. En attendant de voir surgir le Blanc à la mallette d'argent, ces hommes ne s'occupaient plus des cultures vivrières, ils n'aidaient plus leurs femmes, et les travaux champêtres étaient relégués à la condition féminine. Cœurs et muscles aux aguets, ils avaient les oreilles tendues et les sexes bandés au moindre ronflement de voiture qui naissait dans la vallée en provenance de la ville. Comme une bande d'esclaves impatients de quitter les plantations pour un laps de temps au pays du bonheur, ils s'apprêtaient à implorer la générosité des maîtres du monde et la bonté des argentiers au grand pouvoir équivoque. Oui, eux, les planteurs de la fève, attendaient les acheteurs exactement comme des mendiants maudits en quête d'aumône. Chaque soir, ils veillaient jusqu'à très tard, allongeant les dettes d'alcool, de tabac, tout en se laissant guider par les mêmes rêveries des années d'avant : une fois que Ondoua aurait vendu ses sacs de cacao, il construirait enfin une belle maison à étages ; Atangana achèterait une voiture et se lancerait dans l'élevage des vaches ; Onana se marierait finalement avec Alima, sa concubine depuis 17 ans ; Assélé aurait enfin de quoi payer l'opération chirurgicale d'une vieille hernie qu'il trimballait depuis huit ans, l'obligeant à s'habiller en robe et à se déplacer avec une canne à la main ; Essomba Mengue ouvrirait un bar et une grande boutique capable d'alimenter plusieurs villages en denrées de la ville ; pour son universitaire de fils au chômage, Ateba Tsala irait mouiller la barbe d'un grand ministre afin qu'Abondo soit nommé à de hautes fonctions administratives.

Comme à la veille de chaque nouvelle saison de vente, les planteurs prévoyaient, planifiaient et programmaient de réaliser des tonnes de rêves et de projets qui appartenaient malheureusement toujours au domaine de la fumisterie. Quelques jours avant le grand marché de la fève, tous les tenanciers de débits de boissons et les propriétaires de petites boutiques de denrées alimentaires organisaient des journées portes ouvertes où le prêt et le crédit étaient octroyés à volonté aux planteurs. Les femmes aux cuisses légères faisaient aussi de belles affaires. Elles devenaient très aimables et disposées à offrir tous types de services aux riches des jours à venir. À cette fin, elles organisaient secrètement des journées sexes ouverts pour mettre bien tous les tontons trompeurs du village. Puis arrivait la fête villageoise tant attendue, l'événement où les efforts des planteurs échouaient dans des sacs de 100 kilogrammes, puis dans des camions chargés à bloc qui repartaient vers les villes, vers les bateaux, et enfin vers les océans à la gloire de l'Occident.

Un après-midi de novembre, alors que la deuxième vente annuelle se tenait sous le grand manguier de notre cour en présence des notables, des planteurs, des inspecteurs municipaux, des épouses, des coépouses, des maîtresses, des enfants, des commerçants, des escrocs et autres ivrognes, des centaines de sacs se faisaient examiner, sonder aux poinçons et peser à la hâte par de jeunes agents baraqués. Ceux-ci avaient acquis une remarquable agilité dans l'art de cintrer ces sacs de 100 kilogrammes, pour ensuite les balancer à leurs collègues suspendus sur la benne qui, à leur tour, les propulsaient au fond du camion avec une dextérité spectaculaire. En réalité, bien que ce fût un des jours les plus festifs de l'année pour toute la localité, surtout pour nous les enfants parce qu'on nous gavait de bonbons, de caramels, de beignets de manioc sucrés et de brochettes de poisson, l'événement me rendait extrêmement triste. Au fond de moi, je me sentais dépossédé, volé, outré et découragé de voir partir le résultat brut d'un dur labeur en échange de quelques billets de francs CFA qui allaient se raréfier en à peine quelques semaines. Toutes ces fèves de sueur et de sang dont nous nous occupions seuls tout au long de l'année disparaissaient en seulement quelques heures après la visite des hommes blancs. Ce jour-là, j'avais finalement pris mon courage à deux mains et je m'étais discrètement approché de lui :

— Grand-père, pourquoi ces gens prennent tout notre cacao ?

— Parce qu'il leur appartient, fiston.

— Comment ça, il leur appartient ?

— Abéna, tu m'as bien entendu.

— Grand-père, ce cacao vient de notre plantation.

— Oui, mais c'est pour eux que nous travaillons cette plantation depuis des générations.

— Pourquoi nous travaillons pour eux ?

— Parce que c'est comme ça.

— Grand-père, nous ne sommes pas des esclaves.

— En quelque sorte, oui.

— En quelque sorte oui ?

— Écoute, mon petit, nous sommes leurs esclaves parce que nous avons besoin de leur argent.

— Ce sont eux qui ont besoin de notre cacao.

— Abéna, que ferions-nous de notre cacao si ces gens ne venaient pas l'acheter ?

— Et ils font quoi de tout ce cacao qu'ils viennent prendre chez nous tout le temps ?

— Je n'en sais pas grand-chose, mon petit.

— Pourquoi ?

— Parce que je n'ai jamais su ce que ces fèves deviennent réellement une fois parties de notre village.

— Ils ne t'ont jamais rien dit ?

— Jamais.

— Pourquoi ?

— Parce que ces Blancs ne parlent jamais de ça. Tout ce que je sais, c'est que le président de la République et le gouvernement encouragent vivement tous les villageois de notre pays à cultiver plus de cacao pour le développement du Cameroun.

— Mais pourquoi le Cameroun ne vient jamais travailler avec nous à la plantation ?

— Ha ! Ha ! Ha ! Ha ! Mon petit, le Cameroun, c'est ton pays.

— Et alors ?

— C'est à nous de travailler pour le Cameroun en vendant notre cacao aux hommes blancs.

— Et puis, l'argent qu'ils te donnent ne remplit jamais ta boîte à café.

— C'est vrai.

— Tu devrais le refuser.

— Mon petit, c'est très difficile à expliquer. Mais comprends une fois pour toutes que nous ne pouvons pas vivre de notre cacao sans le vendre aux Blancs.

— Pourquoi ?

— On ne nous a jamais appris à le faire. Pour vivre, nous devons absolument le vendre. Sinon on fait quoi ?

— Pourquoi nous devons vendre notre cacao à des gens qui ne travaillent jamais avec nous ?

— Nous n'avons pas le choix, fiston. Je suis d'accord que nous ne recevons pas assez d'argent, chaque année le prix du kilogramme de cacao chute sans raison, mais nous avons besoin de ce peu pour vous nourrir et envoyer tes frères aînés à l'école de la ville.

— Grand-père, nous pouvons cultiver notre propre plantation d'argent au lieu de cultiver du cacao.

— Ha ! Ha ! Très bonne idée, mon petit !

— Pourquoi tu ris ?

— Fiston, je ris parce que si je savais comment faire, il y a longtemps que nous aurions déjà plusieurs plantations d'argent, et ça, bien avant ta naissance, mais hélas...

— Hélas ?

— Oui, hélas ! Seuls les Blancs savent comment cultiver l'argent, ils sont les seuls dépositaires de cette magie, les seuls à connaître le secret des machines.

— Quelles machines ?

— Celles qui fabriquent l'argent.

— Grand-père, mais pourquoi nous n'avons pas nos propres machines pour fabriquer notre argent ?

— Fiston, c'est difficile à expliquer. Pour des raisons que je ne comprends pas trop, nous ne sommes pas libres de fabriquer notre argent en Afrique.

— Mais pourquoi ?

— Parce que l'argent rend libre. Sans lui, il est impossible d'être un homme libre dans ce monde.

— Grand-père, c'est quoi un homme libre ?

— Un homme qui ne dépend de personne.

— Qui ne dépend de personne ?

— Oui, un homme qui n'a pas besoin de se tuer à la culture de plusieurs hectares de cacao pour essayer de vivre dignement.

— Grand-père, je veux qu'on arrête de cultiver le cacao.

— Abéna, laisse-moi rire ! Et nous vivrons de quoi par la suite ? Hein ? Tu peux me répondre ? Maintenant, tu arrêtes de m'embêter avec tes questions, tu comprendras toutes ces choses une fois que tu seras grand !

— Grand-père, je suis déjà grand.

— Ha ! Ha ! Malheureusement non, mon petit, tu n'as que 10 ans. Même si tu es bien plus intelligent que la plupart des enfants de ton âge, tu ignores encore beaucoup de choses à propos de ce monstre.

— Quel monstre ?

— Le plus grand monstre de tous les temps.

— Celui du conte que tu m'as raconté l'autre soir ?

— Non, je parle du vrai monstre.

— Du vrai monstre ?

— Un monstre beaucoup plus puissant que celui du conte de Kulu la tortue et de Zé la panthère que je t'ai raconté la dernière fois.

— Il est comment, ce monstre ?

— Très méchant.

— Méchant comme le chien d'oncle Asséle ?

— Non, mon petit, je parle du monstre qui gouverne le monde, je parle du terrible monstre pour qui ton grand-père se tue au labeur depuis tant d'années. Ce monstre qui m'a donné cette fichue scoliose et toutes ces palpitations de cœur qui me fatiguent la vie.

— Il est où, ce monstre ?

— Là.

— Où ?

— Ici.

— Dans ta poche ?

— Abéna, laisse-moi te montrer.

— !!!

— Regarde, il est là.

— Où ça ?

— Là.

— Ce billet de 500 francs ?

— Voilà !

— C'est lui le monstre ?

— Exactement, mon petit. L'argent est un monstre sans pitié qui soumet tout sur son passage, y compris la vie. Ceux qui le possèdent ont le monde entre leurs mains et en font ce qu'ils veulent. Maintenant, grand-père a du travail, va me chercher ma pipe de tabac au chevet du lit et ne reviens plus m'embêter avec tes questions.

4. Onomatopées du serpent à plumes

Le seul petit moment de répit que nous connaissions, c'était pendant le mois de décembre où nous passions les fêtes de fin d'année dans un relatif repos, après une succession d'évènements festifs. Mais, dès la deuxième semaine du mois de janvier, la vie rude reprenait son rythme habituel de tracasseries. La répétition des quotidiens incertains se remettait à l'œuvre, avec les mêmes gesticulations séculaires que celles de nos arrière-arrière-grands-parents. Tout comme une armée de combattants ligués contre les forêts vierges, on attaquait le repérage des terres, le défrichage, les incendies, le nettoyage, le dessouchage, le labourage, la fertilisation chimique des sols, l'enfouissement des fèves à la bonne profondeur, l'abattage des arbres qui ne devaient pas obstruer la croissance des jeunes pousses de cacaoyer. Les semaines suivantes étaient consacrées à la pulvérisation ainsi qu'au remplacement des tiges qui succombaient aux longues périodes de sécheresse. Tel était notre cycle de survie, notre domaine de définition, une existence de peine pleinement programmée par des personnes qu'on ne voyait que deux fois par année.

Puis, vers le mois de juin, arrivait de la ville un groupe d'hommes bien habillés envoyés par les patrons du ministère du Cacao. Ils attiraient les foules depuis les villages voisins et, plus encore, des blasés impressionnés par leur manière de parler le bon français, par leurs vêtements, leurs gadgets et les étranges véhicules 4X4 Range Rover qui les conduisaient à travers les villages enclavés. Toujours sécurisés par un ou deux policiers armés veillant spécialement sur le porteur de billets, ils étaient aussi souvent accompagnés d'un imbécile de traducteur que je n'aimais pas, à cause de son air hautain et de sa façon bizarre de s'adresser aux planteurs comme on s'adresse à des moins que rien. Une meute de loups qui venaient enseigner aux planteurs les techniques d'entretien qu'il convenait maintenant d'appliquer pour obtenir une meilleure productivité de la masse cacaoyère de cette région du Cameroun. À la fin de la journée, ils alignaient les planteurs comme des crétins alarmés à l'entrée de la terre promise, puis ils remettaient à chacun deux machettes, une dizaine de kilogrammes de fongicides, des bouteilles d'insecticide, une brouette, un pulvérisateur, un plantoir, un arrosoir, une paire de bottes, trois ou quatre litres de Cresyl et d'autres engrais destinés à féconder les sols déjà fatigués par trop d'années de monoculture.

Bien évidemment, tous ces produits n'étaient pas une manne tombée du ciel ni des cadeaux de compassion offerts par le Père Noël de l'or vert aux pauvres paysans du Sud. Des montants équivalents allaient être déduits des prochaines ventes de chacun des planteurs répertoriés. De toute façon, ces messieurs en costume cravate détenaient le pouvoir exclusif d'acheter les récoltes et d'imposer les prix du cacao dans au moins une trentaine de villages, il était donc impossible de leur échapper pour essayer de ne pas payer sa dette.

À vrai dire, les acheteurs de cacao, qui traversaient les villages lointains en quête d'or vert, s'en foutaient royalement du prix officiel du kilogramme annoncé par le gouvernement camerounais et son ministère du Commerce. Ils imposaient simplement leurs propres règles du jeu, dictant la loi d'un vaste trafic à la manière des cartels colombiens.

Je ne parle même pas de toutes ces balances truquées qu'ils utilisaient à travers les campagnes pour peser des milliers de sacs de cacao. Je ne parle pas non plus de ces sacs qu'ils éventraient brutalement au couteau, décrétant que les fèves avaient été mal séchées ou mal conservées, qu'elles étaient moisies ou pas suffisamment matures et que, par conséquent, elles étaient inutilisables et bonnes pour le fumier, au grand dam des planteurs qui s'étaient tués au labeur de saison en saison. Mais le plus triste est que ces acheteurs finissaient toujours par embarquer les sacs de fèves soi-disant défectueuses, qu'ils achetaient bien sûr à un prix dérisoire. Je me souviens encore de fois où la mégalomanie des acheteurs atteignait de tels niveaux de chantage que certains planteurs se sentaient obligés de vendre leur cacao même celui-ci était à peine sorti des forêts – des sacs de fèves fraîches encore imbibées de litres d'eau. À ce moment-là, le prix du kilogramme de cacao acheté aux pauvres planteurs se voyait divisé par quatre.

En réalité, malgré les décrets présidentiels au sujet de l'exploitation de la fève, il était très rare que le prix du kilogramme de cacao vendu dans les villages corresponde à celui, déjà assez méprisable, qu'on lisait dans la presse ou qu'on entendait aux bulletins de la radio et de la télé. Les planteurs avisés, qui osaient dénoncer cette escroquerie de masse, étaient rapidement fichés par le réseau des patrons à la mallette. Pour avoir osé revendiquer le respect du prix officiel, certains se voyaient bannis du marché de la fève. Un mot d'ordre circulait parmi les hommes en costumes de la ville, et plus personne n'achetait une seule fève de cacao de ces planteurs rebelles, qualifiés de jaloux et de fauteurs de trouble par les autres planteurs. Ne pouvant ni s'organiser efficacement, ni financer de longs transports en voiture pour aller vendre leur cacao directement dans la ville de Yaoundé, les planteurs dissidents ne tenaient tête pas très longtemps aux capitalistes, car, comme on dit, un ventre affamé n'a point d'oreilles. La violence de la précarité était au-dessus de la cause.

Pour désamorcer leur colère, l'opération était présentée comme une sorte d'aide au développement. Afin d'asseoir efficacement leur domination, les acheteurs de cacao ne se contentaient pas de dépouiller les villages, ils exigeaient aussi que leur statut d'hommes d'affaires soit respecté et que leurs efforts soient loués. Ils évoquaient ainsi le courage qu'il leur avait fallu pour entreprendre des expéditions dans des villages aussi reculés que le nôtre. Sans gêne, ils se moquaient de nos routes en terre battue et de nos ponts en bois. Ils mentionnaient le coût du carburant et de l'entretien de leurs véhicules et, pour mieux intimider les planteurs, ils parlaient aussi d'impôts fictifs sur l'exploitation du cacao. D'après les acheteurs, les planteurs de cacao n'avaient d'autres choix que celui de se sentir honorés et aimés par les grands patrons à la mallette de billets. Les planteurs ressortaient de cet exercice avec un étrange sentiment, celui de croire que les acheteurs de cacao ne faisaient que les aider à s'en sortir.

Les jours de formation agricole se terminaient souvent en fête, puis en beuverie. Le chef des hommes blancs bien habillés distribuait quelques billets qui ne tardaient pas à faire apparaître le vrai visage du seigneur Bacchus et à faire battre le mythique orchestre des tambours, ce qui faisait toujours affluer des dizaines de personnes des villages voisins.

De mémoire d'enfant, c'était l'un des moments les plus intenses de l'année. Je pouvais admirer le génie artistique de nos musiciens et contempler de généreux corps voler dans le ciel pour exécuter d'incroyables chorégraphies. Comme si c'était hier, je me souviens encore de celles qu'on appelait Bẹ Gwane Bakom Mbè, en référence à Akom Mbè, un des seigneurs de la mythologie bantoue. C'était un groupe de six femmes connues dans toute la région pour leurs prouesses de danseuses d'ozila. Elles sillonnaient les villages pendant la saison des marchés cacaoyers pour animer les mariages, les naissances, les funérailles, les baptêmes, les rites de circoncision, les soirées de fin de veuvage et tout autre événement heureux en échange de belles sommes d'argent.

C'étaient des femmes fortes doublées d'imposants caractères, de véritables cheffes d'orchestre qui dirigeaient les musiciens à la baguette avec des coups de regard, des gestes, des chants et des pas de danse qu'il était impossible d'imiter. Toujours fabuleusement maquillées de vernis naturel, de kaolin vert, d'argile et de cendres essentielles issues de bois précieux, ces femmes aux silhouettes de guitare arboraient avec prestance de magnifiques costumes de scène qui faisaient d'elles des prêtresses initiatiques au cœur des nuits noires célestes. De grandes boucles en os d'aigle et en écorce de bubinga leur pendaient aux oreilles. Elles portaient des soutiens-gorge en calebasses tissées de fibres de rotin et des jupes courtes en étoffe d'obom brodées de perles sauvages. Autour des reins, elles brandissaient de longs colliers en coquilles d'escargot et elles portaient aux chevilles des castagnettes en graines de raphia qui agrémentaient la musique au moindre mouvement de pied.

Après chaque appel de tambour, ces femmes assiégeaient le rythme avec une virilité sensuelle qui s'accompagnait de mimiques et de beaux déhanchements de fesses parfaitement synchronisés avec la mélodie des balafons. La foule chantait à tue-tête. Émerveillés, les enfants tapaient dans les mains, les ivrognes scandaient des oyez, oyez-ayop, ayop, tandis que des oyengas de femmes, semblables à des cris de ralliement, fendaient le ciel de la forêt bantoue jusqu'au cœur des veines. Les vieillards fredonnaient des refrains d'une justesse étonnante et les trémolos de leurs voix faisaient vibrer l'atmosphère qui, à son tour, faisait chanceler les étoiles. Autour d'une vivace flamme de bois qui tutoyait la splendeur des nuages, de temps à autre on entendait les onomatopées d'un griot mêlées au chant d'un hibou émanant de l'obscurité des grands arbres de la nuit. Be Gwane Bakom Mbè, les notables, les épouses, les célibataires, les maîtresses, les ivrognes, les cocus et tous les planteurs de cacao exécutaient le rituel de la fève pour la gloire unique des grands hommes d'affaires blancs.

5. La tribu du tobassi

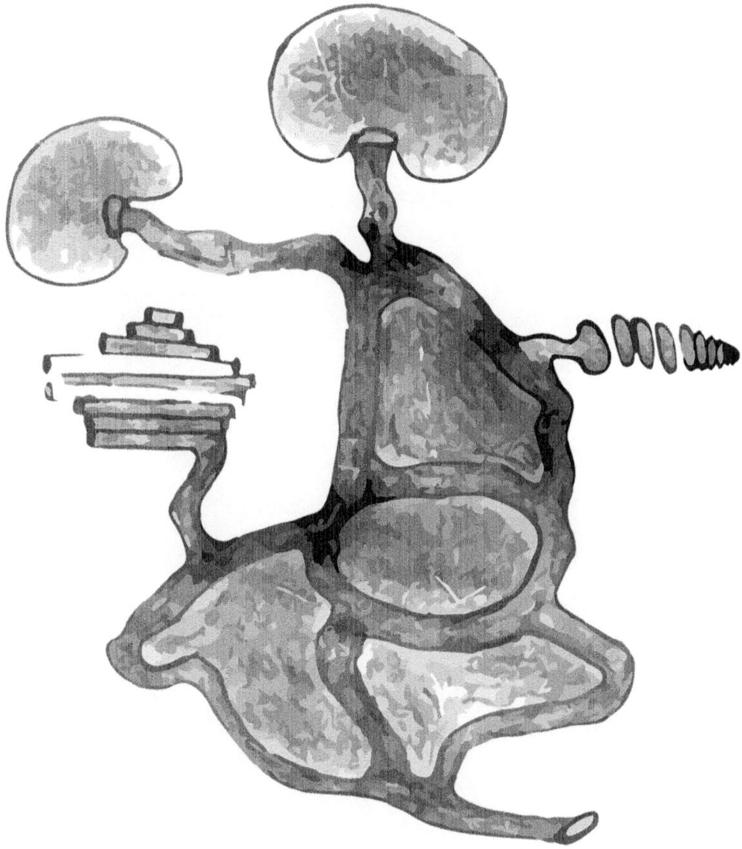

Les femmes de la troupe Be Gwane Bakom Mbè ne jouissaient pas seulement d'une belle réputation d'enchanteresses des localités, il y avait aussi une part d'ombre liée à leur popularité. Comme un mauvais œil rôdant à leurs trousses, elles n'étaient pas toujours appréciées des femmes mariées. Dans la plupart des villages qu'elles sillonnaient pour se donner en spectacle, il n'était pas rare qu'elles se fassent agresser par certaines femmes furieuses qui les taxaient publiquement de voleuses de maris et de prostituées déguisées en artistes. Il se racontait que certains hommes voués aux plaisirs du bas corps avaient souvent déserté leur foyer avec la totalité des économies familiales pour suivre pendant des semaines cette troupe de femmes aux charmes dévastateurs. Dans le chuchotement des cuisines et les voix muettes au coin des feux, certaines épouses du village affirmaient que les femmes de la troupe Be Gwane Bakom Mbè, bien que talentueuses, n'étaient pas complètement saines d'esprit. Les averties confirmaient qu'elles étaient détentrices du « tobassi », mot qui signifie littéralement « assieds-toi par terre ».

En réalité, le tobassi était un puissant charme mystique fabriqué selon les coutumes, et celui de la troupe Be Gwane Bakom Mbè avait, semble-t-il, des pouvoirs inégalés ; il mangeait systématiquement le cerveau de chaque homme qui avait naïvement fait l'erreur de déguster une savoureuse tête de kanga, servie par une des femmes de la troupe. Poisson utilisé dans certains rites d'envoûtement, le kanga était très prisé par les femmes célibataires, les ménages polygames et même par certains hommes. Pour satisfaire la demande des personnes en quête de cœurs fous, les pêcheurs embarquaient sur leurs vieilles pirogues et allaient jeter leurs filets en pleine nuit sur le lit du Nyong, un fleuve qu'on disait généreux et béni par les ancêtres de la ville d'Akonolinga.

Le tobassi des femmes de la troupe Be Gwane Bakom Mbè était reconnu par un cercle fermé de personnes comme étant le plus foudroyant de la région. Il était concocté à partir d'incantations, de poudre d'os, d'écorce d'essingan, d'ongles d'orteil, de sang animal, de cheveux, d'épingles, de poils pubiens, de charbon de l'adjap enduit d'huile de palmiste, le tout distillé dans un bol en terre cuite contenant sept ailes d'hirondelles à moitié brûlées. La concoction était ensuite déposée sous le lit d'une jeune fille vierge pendant neuf jours, au terme desquels la préparation était considérée comme fin prête. Il suffisait alors qu'une petite quantité de cette puissante potion soit mélangée à un repas – de préférence, la tête d'un kanga – pour que l'homme ou la femme convoité·e soit complètement envoûté·e quelques jours plus tard, le sexe venant couronner tout.

La plupart des hommes, même les plus coriaces, succombaient aux moindres avances de ces ensorceleuses, comme des abeilles agglutinées autour d'une ruche de miel. Pris au piège de ce coupe-cœur, ils tombaient instantanément amoureux et certains désertaient même les foyers conjugaux. D'une certaine façon, les femmes détentrices du tobassi avaient un charisme qui les rendait fortes, indépendantes, et elles savaient appliquer le grand dicton populaire : « L'homme, c'est le ventre et le bas-ventre. » Voilà pourquoi depuis la nuit des temps les épouses et les parents interdisaient à leurs proches de manger la tête d'un poisson ou une assiette de poulet sans gésier, une fois hors des maisons familiales.

Le cas le plus ironique était celui de Jean-Pierre Assoumou. Ce père de famille de 63 ans complètement ruiné était devenu la risée de tout un village. Un an auparavant, il avait vendu son unique plantation de cacao de plus de quatre hectares, à l'insu de ses neuf enfants et de sa femme, pour aller s'installer en couple dans la ville de Douala avec l'une des danseuses de la troupe Be Gwane Bakom Mbè. Malheureusement, l'idylle ne fit pas long feu, et les trois millions de francs CFA qu'il avait reçus de la vente de sa plantation s'étaient aussi volatilisés.

Comme ce triste cas était devenu légion dans toute la région, certains anciens prenaient la responsabilité de prévenir les jeunes contre les dérives liées à la méconnaissance du monde paranormal. Ils parlaient par exemple de l'inceste, du pacte de sang, de la malédiction du tobassi et des dangers encourus par tous ceux et celles qui s'adonnaient à l'art de manipuler des cœurs à l'aide de potions mystiques. Ils répétaient ensuite publiquement le même message pendant les réunions communautaires sous le grand arbre à palabres du village : « Jeunes gens, faites attention à vos actes et à vos désirs, rien ne se perd, aucun acte bon ou mauvais ne disparaît ; tout revient, et tout revient à soi, quand on crache dans le ciel, on doit en mesurer les conséquences. Sachez que la vie n'est pas muette, même si parfois elle en donne l'impression. Il y a toujours une réponse qui finit par émaner du vide en réaction à chaque acte posé. » Tel était le message d'un groupe d'anciens éclairés aux jeunes villageois de notre région.

Il faut dire que toutes les personnes qui se lançaient dans cette manipulation des cœurs à l'aide du tobassi devaient en subir les conséquences irréversibles et parfaitement identifiables dans la communauté. Ainsi, il était commun de voir une femme ou un homme qui avait trop usé du pouvoir du tobassi finir sa vie dans une affreuse misère, seul·e et sans famille. Après des années de gloire et de succès touristique dans toutes les poches, dans tous les cœurs et dans tous les sexes, le déclin des tobassistes était presque toujours au rendez-vous. Pour avoir contraint des vies, bâillonné des émotions, dérouté des trajectoires, pillé des intimités, battu des corps et soumis des cœurs à la dictature sentimentale, certains d'entre eux devenaient fous, sexuellement impuissants, stériles ou grands vagabonds des saisons maigres. Ces anciens bourreaux des cœurs qui avaient tant brillé par le trafic sentimental finissaient par perdre pied dans leur propre labyrinthe de manipulations obscures, frappés par le puissant sceau de la malédiction du tobassi. Leurs longues années de gloire et de domination des corps et des cœurs n'étaient plus que de tristes souvenirs dont ils avaient terriblement honte.

6. Têtes de feu, lettres initiatiques

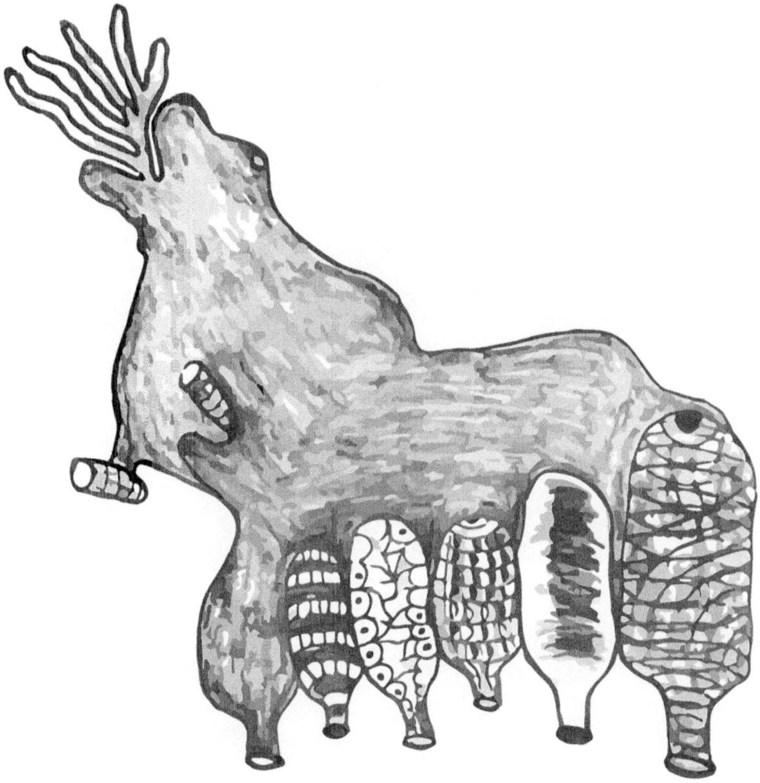

Je me souviens encore de cette longue nuit noire aux lueurs de lune en déclin, une longue nuit étrange où il se transmettait de main en main des élixirs non identifiables qui faisaient rapidement grimper les villageois au zénith du cosmos. Des dames-jeannes de matango et des litres de ha'a, d'odontol et d'arki dévalaient de gorge en gorge comme des fleuves d'eau-de-feu, au même titre que des quartiers de kola qui renouvelaient sans cesse les accolades entre personnes maintenant dénuées de tout sens de la physionomie. Les hôtes de la ville aimaient ça, ils riaient aux éclats, applaudissaient à contretemps, perturbaient le rythme de la musique et dansaient à l'envers comme des automates cinglés. Comme des Christophe Colomb à la découverte d'une fausse terre neuve. Ils adoraient ça, danser, danser, danser l'ozila et le bikutsi avec les planteurs esclavagisés d'un village complètement inondé par des flots d'alcool.

À l'occasion, nos hôtes blancs ne se gênaient pas pour tripoter de jeunes chairs, pincer de frêles fesses et frôler des seins juvéniles, tout en faisant des clins d'œil aux femmes mariées dont les époux tenaient à peine debout. Même s'ils empestaient la fumée et l'alcool et étaient trempés de sueur jusqu'au slip, ils en redemandaient toujours. Comme des vampires insatiables en quête de sang chaud, ils achetaient encore à boire, ils allaient coller des billets de 10 000 francs CFA sur les fesses des danseuses et sur les bras musclés des musiciens pour que ceux-ci n'arrêtent pas de jouer, pour qu'ils enflamment définitivement la grosse bamboula africaine dont ils avaient certainement entendu parler dans les familles européennes, dans les foyers aristocrates, dans les salons et les cafés occidentaux qui encensaient ou dénigraient l'exotisme noir avec plaisir, l'affublant de tous les mots, bons comme mauvais. Oui, pour eux, la manifestation palpable de cet exotisme était là, devant eux, et à son paroxysme. Ils touchaient de leur chair la négritude et l'étrange pensée selon laquelle « l'émotion est nègre », du célèbre poète président sénégalais Léopold Sédar Senghor.

Mais ce soir-là, il y avait quelqu'un d'autre. C'était un homme blanc d'environ 50 ans, discret sous sa petite corpulence, toujours figé hors du groupe avec une bandoulière pendant sur la poitrine. Il avait un regard vif que j'avais décelé derrière ses grosses lunettes claires fixées au-dessus de son nez. Il ne buvait et ne parlait presque jamais. Malgré ses efforts pour passer inaperçu, je l'avais remarqué. Il n'avait qu'un seul et unique travail : il prenait plaisir à immortaliser ces instants d'Afrique avec un appareil photo.

Les plus respectés des planteurs, c'est-à-dire ceux qui donnaient le plus de satisfaction aux acheteurs blancs à cause de leurs abondantes productions annuelles, avaient le privilège non pas seulement de boire des bières en canettes de la ville et de fumer des cigarettes Camel ou Marlboro de Paris ou de Londres, mais ils pouvaient également céder une de leurs femmes, de leurs sœurs ou de leurs filles à ces hommes aux visages de Jésus. Qui, dans cette contrée chrétienne, ne rêvait pas d'avoir un gendre blanc cousin du sauveur Jésus, ne fût-ce que pour une seule nuit ? Pour ceux des villageois qui n'étaient pas contents, ils n'avaient qu'à aller se faire cuire un œuf au soleil, car dans ce village toutes velléités dissidentes étaient sévèrement bannies. Manifester une quelconque hostilité envers ces hommes blancs laissait clairement entendre qu'on s'attaquait directement à l'autorité du chef du village en personne, et ce risque s'apparentait clairement à creuser sa propre tombe.

Pourtant, c'est au cœur de ces nuits noires que le tambour ébranlait ma peau, ma chair, mes veines, et façonnait mon esprit pour me révéler à moi-même, pour me révéler la signification des phénomènes animistes. C'est à travers la dextérité pentatonique des mélodies écorcées, à travers la gestualité divine des chorégraphies féminines et les chants originels que les ancêtres bâtissaient profondément l'édifice de ma personnalité intérieure, l'être en construction que j'étais encore à ce moment-là.

7. L'enfant écorce

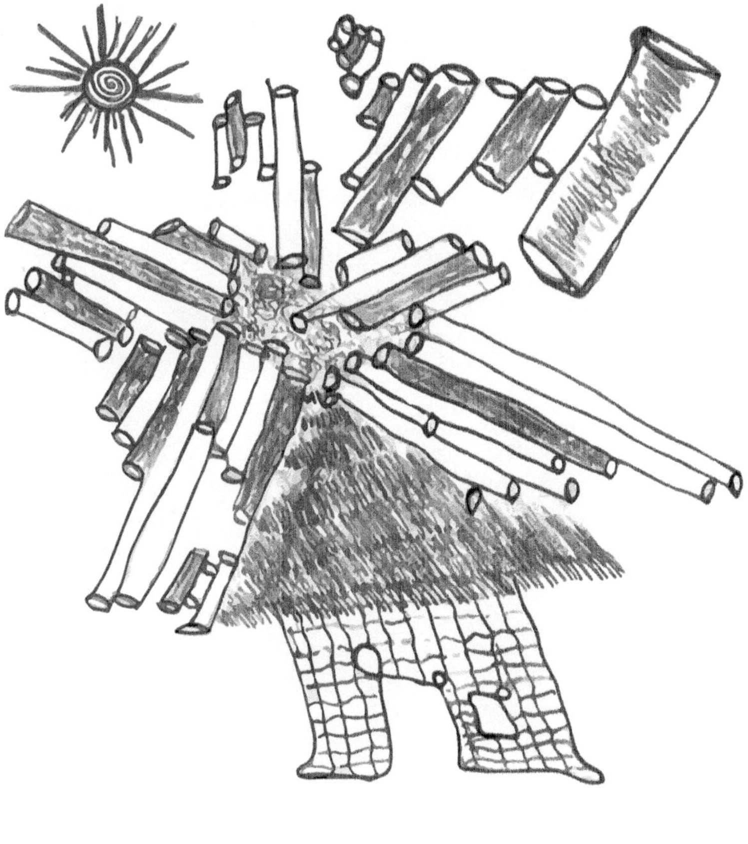

Un jour, à l'aube d'une nouvelle année, mon certificat d'études primaires en poche, grand-père me fit asseoir pour m'annoncer ce qui selon lui était considéré comme une bonne nouvelle, une très bonne nouvelle qui le réjouissait déjà avant même de me l'annoncer. Malheureusement, grande fut sa surprise lorsqu'il constata mon manque d'enthousiasme à ce sujet. Je n'avais pas bondi de joie ce jour-là, comme ce fut le cas pour mon cousin Ondoua à l'annonce de cette même nouvelle, l'année d'avant. Moi, Abéna, aller poursuivre mes études en ville ne m'intéressait pas. Pour tout dire, j'étais terriblement effrayé par cette idée. Non seulement je ne connaissais personne dans la métropole, mais je me voyais en plus totalement incapable de communiquer en français courant avec les citadins de Yaoundé. Hélas, ma destinée ne m'appartenait pas, les choix de vie n'appartiennent pas toujours aux enfants. La parole des anciens était sacrée, elle l'est d'ailleurs toujours à l'instant où j'écris ces mots. Chez nous, on dit que « chaque vieillard qui meurt est une bibliothèque qui brûle ». Ce n'est pas toujours vrai et je n'ai jamais été d'accord avec cet adage de Amadou Hampâté Bâ, mais à quoi bon, puisqu'ils disent aussi qu'un vieillard assis voit plus loin qu'un jeune homme debout. Visiblement, ils ont oublié que « les enfants sont d'abord les parents de leurs parents ».

La seule attitude qu'on attendait de nous, les enfants, et plus particulièrement de moi, c'était une obéissance droite, aiguë et sans faille. J'avais beau émettre un mécontentement timide auprès de ma grand-mère pour qu'elle plaide ma cause auprès de mon grand-père, afin qu'il comprenne qu'il avait besoin de moi auprès de lui au village et non au collège de la ville, rien n'y fit. On ne m'écoutait pas, on ne voulait pas m'écouter, on ne m'avait jamais écouté, tout comme les grands n'écoutent généralement jamais bien les petits. À la mort de ma maman, on m'avait tout naturellement laissé à la charge de mes grands-parents, pour qui j'étais devenu l'espoir et le fer de lance d'un avenir programmé. Ils prédisaient pour moi une grande carrière politique ou administrative qui devait à tout prix les sortir de la pauvreté et, plus encore, de la misère du cacao.

La nuit précédant mon départ pour la ville, j'ai pleuré, je suis allé parler au baobab avant de me barricader dans ma chambre. Je me suis laissé tomber à même le sol pour protester contre le projet de mon grand-père, j'ai frappé plusieurs fois le mur, j'aurais voulu que quelqu'un m'écoute, m'entende, prenne mon parti et défende la part de mon rêve. Ressaisi par les bons sentiments, j'espérais que grand-père m'appelle au pied de son lit, qu'il m'enlace, me sourie et me demande gentiment ce que je voulais faire de ma vie. C'est alors que je lui aurais dévoilé la passion de la passion qui animait mon cœur et mon esprit. Si seulement il m'avait posé la question, je lui aurais parlé du désir, du désir qui brûlait à l'intérieur de moi, un étrange désir dont j'ignorais l'origine, mais dont j'aimais éperdument la sensation d'originalité. Je ne sais pas quand ni comment j'étais tombé amoureux de ce métier rejeté par la plupart des jeunes et même des adultes, mais tout comme Adango Minkili, ce solitaire vieillard vivant au fond du village tout près d'un petit ruisseau parsemé de rochers et de rapides, je voulais être guérisseur. Oui, guérisseur, pour de vrai. Et rien qu'à y penser, une satisfaction étrange envahissait mon corps et mon esprit lévitait de joie.

Pourtant, même si je m'opposais à la ville, je ne voulais pas non plus vivre au village pour perpétuer le douloureux héritage des planteurs de cacao comme mon grand-père et la plupart des gens de la région du centre du pays. Je ne voulais pas devenir un serviteur de plus enchaîné dans les plantations et je ne voulais pas passer ma vie à manipuler des fèves et des insecticides pour le seul plaisir de ces hommes blancs que je trouvais par ailleurs insolents et grossiers. Disons que j'étais attiré par autre chose, absorbé par un mystère qui n'était autre que celui de réparer le corps des gens, comme un alchimiste qui transforme le plomb en or. Vaincre les maladies pour soulager les peines, venir à bout des maux ignobles qui accablaient le corps des vieux planteurs de notre localité était mon seul désir. Je voulais redonner le sourire à des personnes ayant une santé fragile. Tout comme savait le faire Songo Yuliyana, cette vieille femme que certains qualifiaient de méchante sorcière et conseillaient formellement de ne jamais approcher. Je voulais apprendre le métier des plantes à ses côtés, je voulais apprendre le secret des concoctions, la fusion des breuvages, l'étude des potions, le déchiffrage des symboles, le décryptage des songes, la posologie des remèdes et toutes les formules de guérison possibles qui pouvaient rendre la dignité à ma communauté. Je voulais connaître les secrets de la terre, les oracles des forêts, la langue des fantômes et les vertus des nuits orageuses.

Je voulais que les ancêtres m'entraînent à la méditation lunaire, à la voyance des choses cachées, à la mathématique des cauris, aux incantations solaires, à l'œuf de cuivre, à l'initiation des enfants écorces, au végétalisme des dieux verts, à la musicalité du mvet sacré, à la pluie purificatrice du sens et au vent rapide des oracles de vérité. Je voulais être scarifié au tonnerre, frappé à l'arc-en-ciel et sculpté à la sincérité de la foudre. Je voulais connaître le pouvoir mystique du songo, goûter l'incandescence de l'air et sa poésie du feu sacré pour la guérison des corps et des esprits en panne de liberté. Mais hélas, mon destin ne m'appartenait pas, le destin ne m'appartenait plus, mon nom avait déjà atterri dans la liste des prochains voyageurs et autres déserteurs que la misère rurale poussait sans scrupule vers la férocité métropolitaine.

Ça y est, j'y étais. J'accédais brutalement à un autre statut malgré moi, j'étais devenu un élu pour la ville. Un parmi la dizaine de jeunes qui devaient quitter le village cet après-midi-là pour aller chercher le bonheur ailleurs au-delà de nos terres, ailleurs au-delà de nos rivières, ailleurs au-delà de nos arbres, ailleurs au-delà de nos montagnes et ailleurs au-delà de nous-mêmes.

8. À chair de regret

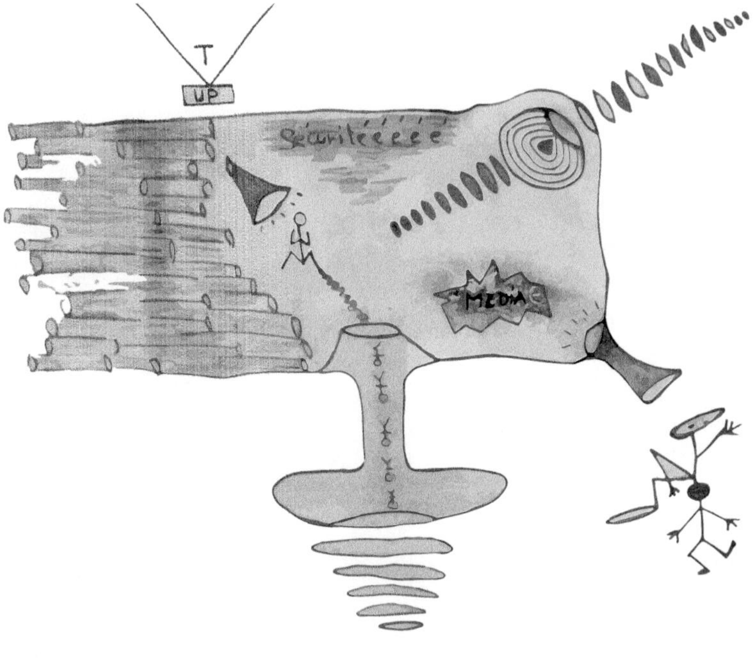

Un après-midi d'octobre 1997, alors que je déambulais dans mon quartier Manguier, à Yaoundé, avec mes quatre camarades du collège, toujours à l'affût de quelque chose à dérober, une odeur de terre humide enveloppa subitement l'atmosphère, un vent sévère traversa le quartier et un orage se déclencha dans le ciel, suivi d'une violente pluie qui provoqua une panique générale. Alors que nous nous étions engouffrés dans la petite boutique de Moussa, un virulent tonnerre explosa, la puissance de son souffle brisa plusieurs poteaux qui, à leur tour, en tombant, firent rompre des câbles électriques. Un tourbillon de poussière s'éleva, mêlé de particules, de vieux parapluies, de vieux vêtements, de canettes de bière, de sacs plastiques et autres objets exécutant la danse du déchirement en plein jour, le tout amplifié par les cris d'affolement des hommes, des femmes et des enfants.

Les coups de vent violents décoiffaient sans peine les petites habitations moins solides. Emportées par la fureur de l'orage, les toitures volaient en éclats, et la boutique de Moussa n'échappa malheureusement pas à ce carnage. À la vérité, la boutique de Moussa avait déjà résisté à trop de décennies d'intempéries. Malgré les moqueries des clients et les railleries de ses voisins de quartier visant à l'encourager à engager un vrai technicien pour la réfection de son local, Moussa n'en faisait qu'à sa tête. Comme un chien insatiable, tout ce qui l'intéressait, c'était la trace et l'odeur de l'argent. Cela étant dit, la procrastination était devenue sa religion préférée. Le seul effort qu'il faisait encore de temps à autre lorsque la situation devenait vraiment critique et que des morceaux de planches ou de tôles se décollaient de sa maison au moindre coup de vent, c'était de devenir son propre ingénieur en rafistolage, et dieu seul sait à quel point il était terriblement maladroit pour cette activité.

Deux heures plus tard, alors qu'on avait bravé la brutalité de la pluie pour sauver la marchandise de Moussa en la délocalisant à la hâte vers la maison voisine, et bien que sérieusement mouillés, on était repartis avec de grands sourires aux lèvres. Pour une fois, Moussa nous avait récompensés à notre juste valeur, en nous donnant 2 000 francs CFA (environ 4,40 $ CAD), des biscuits, des croquettes, des bonbons mentholés, du sucre, des cigarettes pour ceux qui fumaient et du pain rassis tartiné avec son étrange chocolat qu'on appelait communément la « sauce d'arachides », à cause de sa texture légère et huileuse. Cependant, certains d'entre nous avaient quand même réussi à accomplir d'autres tours de magie, en détournant quelques boîtes de sardines et des préservatifs en guise de bonus. Malgré la grande vigilance dont Moussa avait fait preuve durant toute cette opération, mes amis étaient restés fidèles à leurs talents de dérobeurs professionnels.

Pendant ce temps, la pluie n'avait pas l'air de vouloir tirer sa révérence. Bien au contraire, le ciel se remit à s'assombrir en propulsant des éclairs. Au moment de traverser la route pour nous séparer, puisque de toute façon ce temps de chien ne nous permettait plus de continuer à traîner ensemble, une jolie voiture nous éclaboussa tous les quatre avec un jet d'eau boueux qui nous transforma instantanément en zombies au beau milieu de la chaussée. La Mercedes s'arrêta quelques mètres plus loin, avant de faire brutalement marche arrière. Une dame blanche d'environ une quarantaine d'années était au volant, avec à ses côtés un jeune enfant métis aux cheveux longs. Elle baissa la vitre, s'excusa promptement de ce désagrément, fouilla sur le siège arrière, nous tendit un billet de 5 000 francs CFA (environ 11 $ CAD) ainsi qu'un objet de la taille d'un paquet de sucre, et redémarra à l'instant où je me saisissais du paquet en question. La risée dont nous avions été l'objet quelques secondes plus tôt au vu de l'état de nos vêtements avait maintenant fait place à un attroupement de curieux. Que contenait ce beau paquet argenté entouré d'une ficelle colorée aux couleurs du drapeau suisse ? La seule inscription en gros caractères qu'on remarquait sur le revers central était « Cailler », et personne parmi nous n'avait jamais lu ce nom dans la ville de Yaoundé.

Dès lors, l'unique façon d'en savoir plus était bien évidemment de regarder à l'intérieur du paquet. Je fis glisser la ficelle vers le bas et ouvris les parties supérieures du carton, et une douzaine de plaquettes apparurent chacune joliment revêtue d'une fine couche de papier aluminium. Nous saisîmes l'une des plaquettes, détachâmes l'emballage délicat qui laissa apparaître une luisante barre blanche gravée de petits cœurs en or. Le parfum libéré était si exaltant qu'il y eut presque au même moment un basculement de tête collectif qui traduisait l'effet délicieux de cet envoûtement olfactif. Quelques minutes plus tard, papilles en fête, chacun était reparti de son côté avec un peu d'argent et deux barres de chocolat, le corps baignant dans une forme d'euphorie, un état renforcé par un grand sentiment de découverte. Nous avions eu la chance de goûter à quelque chose d'exceptionnel, un énorme privilège terriblement ignoré des jeunes des quartiers difficiles.

Pour la petite histoire, j'étais secrètement tombé amoureux d'une fille de mon école, comme cela m'arrivait à peu près tous les mois sans que je n'aie le courage d'aller déclarer ma flamme. Un vendredi de sortie de classe, j'avais enfin réussi à parler à Assomo, la fille du lycée qui mettait mon cœur à rude épreuve. Pour célébrer ce moment exceptionnel qu'elle m'avait accordé, je lui avais fait don de mon argent de poche et promis de lui réserver une surprise le lundi matin suivant. Ayant réussi à détourner le soir même la monnaie de notre voisin après une commission, je faisais dès le lendemain le tour des boutiques de Yaoundé à la recherche du grand chocolat blanc, ce Cailler dont j'avais jalousement conservé l'emballage pour ne pas perdre la trace de ma rencontre avec cette merveille. Mais hélas, chaque fois que je me présentais devant un vendeur pour acheter du chocolat Cailler à ma dulcinée, on me regardait comme un chien sauvage perdu devant la télévision. Exaspéré par ma demande insistante, un des vendeurs m'avait répliqué d'un ton sec et moqueur: « Mon frère, ici, je vends des cahiers pour écrire, pas des cahiers pour manger. Si tu veux l'autre Cailler dont tu parles, prends directement l'avion et va en Suisse. C'est là-bas que tu vas trouver ton Cailler, ne viens pas déranger les gens ici. »

Comme je n'avais jamais pu retrouver la trace de Cailler dans toute la ville de Yaoundé et comme je n'avais pas pu tenir la promesse faite à ma dulcinée, je n'ai plus jamais eu le courage d'aller voir Assomo pour lui parler d'amour ni de quoi que ce soit d'autre.

9. Choco Mambo

Une nuit, alors que le sommeil tardait à m'emporter au pays de Morphée, je repensais à cet étrange évènement qui s'était déroulé une semaine plus tôt, je veux parler de la dame blanche au volant de sa Mercedes. Je me souvins que ce jour-là, le mystère de la boîte avait finalement été résolu grâce à un passant ou plutôt grâce à un Mbènguiste, intrigué par notre haut degré d'ignorance. Cet homme qui avait déjà vécu à l'étranger nous avait appris que cette boîte contenait tout simplement du chocolat. Chose que nous avions contestée au départ, car nous connaissions bien notre chocolat « sauce d'arachides », d'ailleurs servi par Moussa quelques minutes avant l'incident. Il y avait aussi cette petite barre nommée Mambo, un produit de la société camerounaise Chococam, en réalité une filiale du groupe sud-africain Tiger Brands. Le Mambo était devenu la drogue dure des jeunes lycéennes de mon quartier, chaque garçon qui voulait aborder une fille devait d'entrée de jeu avoir un Mambo à offrir. Or, ce chocolat local avait toujours été de couleur foncée et non blanche.

« Ça pourrait être des savons de toilette, qui sait ? » avait ironisé le monsieur en ricanant, avant de mordre gloutonnement à plusieurs reprises dans l'une de ces barres blanches. Intrigués, nous fîmes pareil, et c'est à ce moment-là qu'une exaltation papillaire explosa dans ma bouche. La barre blanche fondait délicatement sur ma langue, provoquant une étrange sensation qui me donnait l'impression de rêver. Je me souviens d'avoir baissé les paupières pour permettre aux filaments laiteux et aux arômes de cette merveilleuse crème d'envahir l'intimité de mon être tout entier.

Jamais au grand jamais je n'avais ressenti un tel plaisir en mangeant du chocolat Mambo, encore moins du chocolat « sauce d'arachides » de Moussa. « Eh oui ! jeunes gens, c'est Cailler, une merveille du chocolat suisse, fait à partir du cacao de vos villages et uniquement commercialisé en Europe. Une chose est sûre, vous avez beaucoup de chance aujourd'hui, et croyez-moi, ça risque d'être la seule fois de votre vie que vous goûtez à ce chocolat de luxe », avait lancé le monsieur avant de s'en aller avec l'allure d'un savant clochard. On aurait dit un grand corps malade revenu d'Europe après trop d'années d'études, trop de diplômes et trop d'échecs accumulés.

Aaah, sacrés Mbènguistes, ces longs crayons qui savent tant de choses inutiles, voilà comment on les qualifiait au pays ! Pour les enfants des quartiers difficiles, c'étaient des élus nés de familles aisées qui avaient le luxe de payer des voyages à leurs enfants pour qu'ils aillent chercher du travail dans les pays des Blancs. À l'inverse, il y avait les Bozayeurs, ces fils et filles de familles pauvres qui rêvaient d'une vie meilleure et qui, un jour, faisant une courte prière avec les larmes aux yeux, empoignaient une bouteille d'eau, une maigre économie, une photo, une écharpe, un petit sac à dos et prenaient la route du grand eldorado occidental. Ces hommes et ces femmes, façonnés d'une volonté de fer, allaient traverser toute l'Afrique de l'Ouest en direction du Nord. Pendant des semaines, ils allaient braver les rudes contrôles des frontières et affronter la faim, l'angoisse des lendemains incertains, les agressions sexuelles pour certains et la lourdeur des insomnies à répétition qui accablaient chaque partie de leurs corps jusqu'aux os. En quête d'Europe, en quête de ce que certains considèrent à tort comme le paradis, ils allaient fatalement risquer leur vie, entre les passeurs algériens sans scrupule et les intégristes maghrébins sans humanité, en attendant d'atteindre les portes luisantes des côtes italiennes ou espagnoles. Combien parmi eux arriveront finalement à bon port après avoir été dépouillés, battus, soumis aux travaux forcés, emprisonnés pendant des semaines, des mois, voire des années ? Seuls les océans connaissent la vérité des horreurs et des atrocités subies par des millions d'Africains à la recherche de l'espérance. Seules les étendues de mer connaissent le nombre exact des ossements, ceux des enfants du Sud engloutis au fond des abysses muets. La Méditerranée est un vaste cimetière à ciel ouvert, ses profondeurs sont bondées de personnes anonymes, des cadavres sans histoire que la méchanceté du monde moderne désigne injustement par le terme sale et inhumain de « migrants clandestins ». Pourtant, il m'arrive encore aujourd'hui de rêver du jour où la planète deviendra la maison heureuse de tous les êtres vivants.

Dans cet exode continental, il y avait parfois des fils et des filles du prolétariat qui avaient eu la chance de bénéficier des bourses de l'État pour aller étudier à l'étranger. Cela avait permis à de nombreux jeunes Camerounais de quitter légalement le pays pour se rendre en Europe, en Amérique ou même en Asie. Ceux-là avaient eu la chance de prendre l'avion, ils avaient voyagé en première ou en deuxième classe, peu importe, ils avaient respiré dans le ventre d'un oiseau de fer. Certains débarquaient à l'aéroport Roissy-Charles de Gaulle et à cet instant, ils devenaient des Parisiens à la peau noire sur lesquels le pays avait placé ses espoirs. Malheureusement, une partie de ces jeunes gens qui s'étaient longtemps abreuvés à la mamelle du contribuable camerounais revenaient au pays après des décennies, et le moins qu'on puisse dire, c'est qu'ils étaient pour la plupart dans des états psychologiques lamentables.

En fait, ils étaient presque devenus fous. On les reconnaissait facilement grâce à leurs accoutrements bizarres, leurs démarches, leurs vieilles mallettes remplies de lettres, de photographies, de timbres fiscaux, de documents moisis, d'articles de presse, de livres aux pages manquantes, ainsi qu'à leurs manières de rouler le français de France à la perfection comme des agrégés tout droit sortis de la grande Sorbonne.

Certains amis de Yaoundé qualifiaient ces Mbènguistes de vermine, de bandes de ratés qui devaient beaucoup d'argent au peuple camerounais pour avoir longuement profité de ses efforts, pour être allé se pavaner en Europe sous le prétexte de revenir développer le pays. Sans un radis et sans projet, ces Camerounais revenaient au bercail et s'installaient dans les maisons familiales qu'ils avaient quittées 20 ou 30 ans plus tôt. Ils redevenaient par la même occasion des charges considérables pour leurs parents, leurs familles et la communauté tout entière. Les raisons de leur déchéance étaient presque toujours les mêmes. Soit ils avaient fait de la prison pour contrefaçon, escroquerie, problèmes conjugaux, soit ils avaient abusé de la vie en s'adonnant aux drogues dures, aux alcools forts, aux fêtes interminables et à d'autres délires. Parfois, ils avaient intégré des loges maçonniques et signé des contrats sectaires, des pactes de sang mafieux. Certains s'étaient lancés dans le libertinage sexuel, le gangstérisme de rue, le braquage et bien d'autres affaires louches qui les avaient finalement empêchés d'accomplir les missions républicaines pour lesquelles l'État les avait envoyés en Occident. Ils finissaient souvent par se faire rapatrier par leurs familles dépassées ou par les services d'immigration des pays qui les avaient accueillis en d'autres temps avec un beau sourire équivoque.

Je me souviens encore de l'un d'entre eux, il vivait dans un coin de rue de notre quartier. C'était un homme d'une soixantaine d'années qui dormait dans sa vieille voiture, une 404 Peugeot à la gueule sauvagement déglinguée, seul héritage qu'il avait pu rapporter d'Europe après 36 ans d'exil. Dans ce pays ensoleillé où le mot hiver était parfaitement inconnu de la réalité climatique et du lexique urbain, Saco Séri, du haut de son 1,90 mètre, s'habillait uniquement en cuir de la tête aux pieds, comme pour se protéger d'un froid européen qui semblait continuellement l'assaillir de l'intérieur. Quelle que fût la température du jour, monsieur Saco Séri se nouait une longue écharpe autour du cou, enfilait des bottillons à la Johnny Hallyday, mettait des gants à la Michael Jackson, un chapeau à large bord à la Lee Van Cleef, de grosses lunettes noires à la Stevie Wonder, couronnant le tout avec un pardessus en cuir et en fourrure qui lui donnait l'allure d'un de ces parrains de la mafia italienne qu'on voyait dans les films policiers du vendredi soir à la télé.

Mais Saco Séri était un Mbènguiste intelligent, peut-être même trop intelligent pour notre époque, au point où il lui arrivait de garer sa voiture au beau milieu de la chaussée, d'en sortir en laissant la portière grande ouverte, puis d'aller se balader dans tout le quartier en brandissant une lampe-tempête allumée en plein jour. Saco Séri déclamait sans arrêt des poèmes de l'ouvrage *Le mauvais sang* de Tchicaya U Tam'si, qu'il considérait comme l'un des vrais fils spirituels de la littérature francophone de tous les temps. Alors, certains après-midis, il se hissait sur une poubelle de coin de rue, tenait sa lampe-tempête au-dessus de sa tête, levait le regard, élevait la voix et disait :

Pousse ta chanson – Mauvais sang –
Comment vivre l'ordure à fleur de l'âme,
être à chair de regret,
l'atrocité du sang fleur d'étoile, nargué
Des serpents dans la nuit sifflaient comme des cuivres

Cotillon mille soleils ressac pour un chant d'orgues.
Mon sang s'est dispersé, car un preux demain dira sur ma ville
tout comme un beau destin,
nous n'irons plus pleurer sous le ciel gris des morgues.

Je serai la mouette, la morte par déveine
Un grand gibet levé remise pour les peines
m'emporte haut et fier en habits festonnés.

Pleure le malheur viendra ternir les diamants,
Ton sang te matraque, ô mes cœurs époumonés,
Je suis noir fils solaire
à *main le chant dément.*

Dans ses démonstrations publiques de philosophie, Saco Séri parlait aussi de Mai 68, de Gorbatchev, de la négritude, de Léopold Sédar Senghor, d'Aimé Césaire, d'Indochine, de Fela Kuti, de la décolonisation avortée, de la gangrène Françafrique, du cacao et du colonialisme vert, de Frantz Fanon, de Mongo Beti, du café, de Bob Marley, d'Um Nyobè et du démembrement du continent noir à Berlin devant des mauvais sorciers blancs, en 1884.

Lorsqu'on demandait à Saco Séri pourquoi il se sentait obligé de se balader avec une lampe allumée à la main en pleine journée sous un soleil de plomb, il éclatait de rire, allumait une cigarette, avant d'affirmer avec une gestuelle calme que, de son trône céleste, il voyait le continent noir menacé par l'avènement d'un modèle capitaliste encore plus déshumanisant. Et parce que les Africains étaient plongés dans l'ignorance la plus opaque de ce projet machiavélique du Nord, lui, Saco Séri s'autoproclamait résistant, seul savant noir mbènguiste revenu d'Europe de son propre gré pour apporter la véritable lumière du progrès à sa terre natale et attiser la conscience révolutionnaire des Africains. Mais qui aurait pu s'aventurer à croire ce clochard céleste sur parole ?

10. Le dîner des dieux

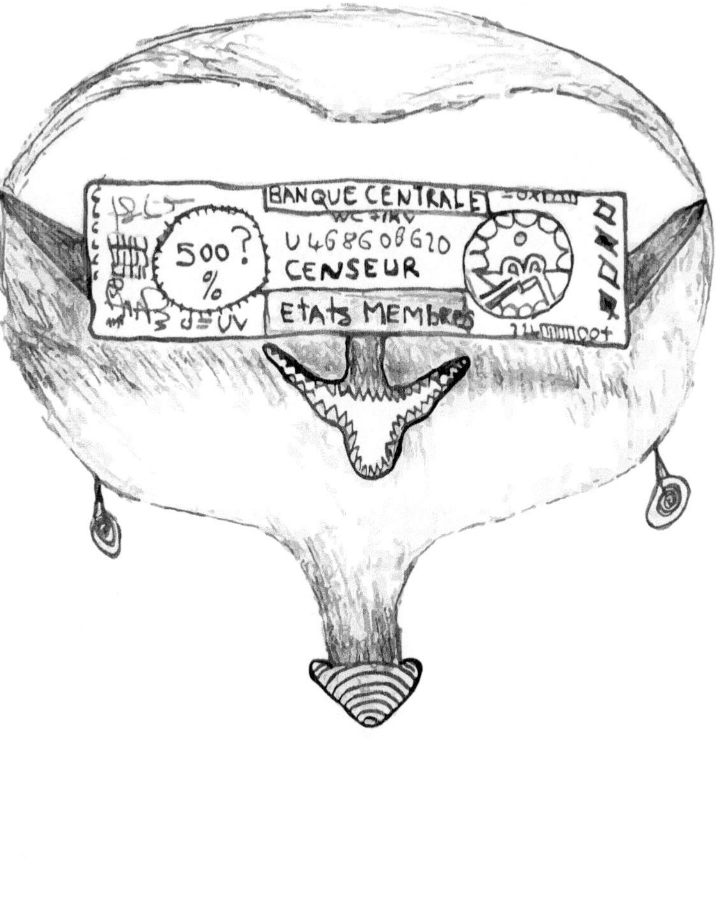

J'avais maintenant presque 18 ans et, certaines nuits, les vieux souvenirs de mon enfance refaisaient surface. Je repensais à mon petit village et à son enclavement chronique. Je repensais à ces vastes terres que j'avais parcourues et conquises à la force des muscles avec mon grand-père pour éventrer la terre et planter des hectares de cacao. Je repensais à ces longues saisons de défrichage, de nettoyage, de préparation des sols, de labourage, d'épandage, d'enfouissement des fèves, de repiquage des jeunes tiges, de pulvérisation, d'attente, de coupe, de récolte, de concassage, de transport, de stockage, de séchage, de gardiennage, de fermentation des fèves, de négociation, de vente, de dépense, de fêtes éphémères, de drames longs et finalement de minuscules et bêtes gloires habillées de misère.

Peu après mon arrivée en ville et mon inscription au collège, en 1994, mon grand-père mourut. Il avait 70 ans, et bien que sa mort fût attribuée à une crise cardiaque liée au fait que le chef du village avait voulu escroquer une partie de ses terres, ma grand-mère et certains proches avaient une autre hypothèse. Ils affirmaient que mon grand-père, ce vieillard innocent qui ne demandait qu'à vivre pour voir grandir ses petits-fils, avait été brutalement emporté par une infection pulmonaire foudroyante causée par l'inhalation d'un nouveau produit chimique en cours d'étude que les Blancs de la ville lui avaient donné, comme à beaucoup d'autres planteurs, pour tester son efficacité sur les cultures. En bon planteur obéissant tenant à respecter le mot d'ordre et toutes les prescriptions des seigneurs du cacao, grand-père avait travaillé sans relâche d'année en année et de décennie en décennie pour augmenter la productivité de sa plantation afin de mieux faire vivre sa famille, mais aussi de se distinguer aux yeux des grands patrons de l'or vert. Je repensais surtout à ces hommes blancs qui arrivaient deux fois par an pour acheter toutes les fèves et tenir des ateliers de formation agricole visant à accroître la production locale, au détriment des besoins sanitaires des pauvres paysans qui n'en pouvaient plus...

L'argent du cacao est comme l'argent du démon,
Une manne maudite qui ne profite jamais aux cultivateurs.
Comme une eau qui retourne à la source,
L'argent des Blancs retourne toujours dans son pays,
Il retourne toujours chez les Blancs.

Voilà les mots qui constituaient le tragique poème des planteurs et le triste lamento que laissaient entendre les légendes villageoises à propos des revenus économiques de cette plante ensorcelée. Aussitôt touchés, aussitôt repartis. On aurait dit que les planteurs de cacao ne faisaient qu'effleurer les billets le jour de la vente avant de les voir reprendre la route de l'Occident en échange de quelques denrées alimentaires, de quelques chinoiseries en plastique telles que des meubles, ustensiles, vêtements, alcool frelaté et médicaments pharmaceutiques de seconde, voire de troisième main. D'une façon incompréhensible, quelles que soient les sommes encaissées après la vente des sacs de fèves, la plupart des planteurs n'accédaient jamais vraiment à un niveau de vie à la mesure de leur productivité.

Comme des envoûtés programmés pour la misère éternelle, sans se poser de questions, les planteurs de cacao faisaient ce qu'ils avaient à faire pour que ces mêmes acheteurs se pointent à l'horizon. Chaque matin de chaque année de chaque décennie et de chaque génération, les planteurs se levaient tôt, faisaient leur signe de croix devant le crucifix d'un Christ en bois, s'agenouillaient les mains jointes et récitaient 12 fois le chapelet de pénitence devant la statuette d'une sainte Marie en plâtre. On aurait dit une servitude volontaire qui menait les planteurs équatoriaux dans les arènes de l'autochâtiment. En remettant leur sort entre les mains du père de Jésus, ils n'arrêtaient pas d'espérer que demain soit meilleur.

D'ailleurs, parmi les passages de la Bible qu'un infiltré de prêtre blanc venait lire chaque dimanche à l'église du village, comme un éternel rappel à la nécessité de rester soumis à leurs conditions précaires pour espérer bénéficier de la grâce divine, il y avait toujours l'Évangile de Mathieu 5.3 qui promettait des choses bien plus importantes que le simple fait de vouloir vivre mieux sur Terre: « Heureux les pauvres d'esprit, car le royaume des cieux est à eux. » Fredonnant ainsi des louanges et des cantiques religieux tous les matins à voix basse, les planteurs repartaient assassiner les forêts pour ensevelir encore plus de nouvelles fèves de cacao sous la terre désespérée, en attendant d'être appelés par le Très-Haut et d'aller jouir de la bonté du royaume d'un dieu étranger aux yeux bleus.

Je repensais à ces interminables fêtes, tambours battants à ciel ouvert, à ces talentueux griots maîtres de la parole qui récitaient de longs poèmes en paraboles, à ces danseuses de balafons agiles qui égayaient la densité des nuits villageoises. Je revoyais ces muscles virils, ces torses féroces cousus de sueur et ces musiciens maniant flûtes, maracas, cloches et tamtams à fente avec une telle dextérité que même les génies équatoriaux de la forêt bantoue en étaient certainement bluffés. Durant les nuits où Morphée semblait avoir répudié mon esprit de son paradis, j'entendais encore le ronflement des hôtes du chef du village émanant de sa grande maison. Celui-ci s'estimait heureux d'avoir le privilège d'héberger non pas de simples acheteurs de cacao qui savaient manier l'argent et la langue de Molière, mais des hommes blancs riches qui redonnaient du poids à ses attributs de chef de village lourdement corrompu.

11. Le testament de la ruse

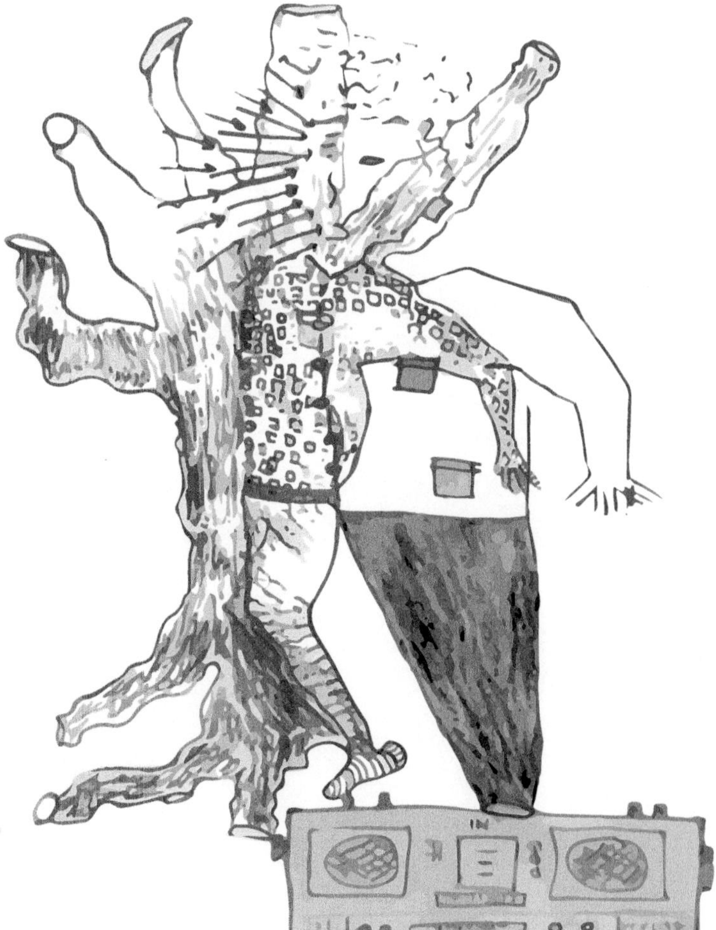

À l'aube de mes 19 ans, s'il y avait quelque chose que la ville avait suscité en moi, à part quelques larcins de jeunesse, c'était indiscutablement le désir de lecture et l'amour des livres. J'aimais éperdument l'odeur des pages moisies, le souffle des textes historiques et la texture des vieilles couvertures abîmées par la solitude des caves, des armoires, des chevets de lit, des musées et des bibliothèques. Les livres me donnaient et me donnent toujours fortement une impression quasiment mystique, celle de renfermer non pas seulement des secrets, mais également toute la sagesse de l'univers. Pourtant, force est de reconnaître que, dans la majorité des cas, cette croyance n'a rien de véridique. Mais je me plais toujours à y croire pour continuer à espérer dans la magie des livres.

Le bouillonnement de la ville, sa cacophonie piétonne, ses vrombissements automobiles, sa misère ambiante, ses bars à la musique massacrante et sa tension policière avaient beau être présents 24 heures sur 24, ils n'arrivaient pas à dompter la sauvagerie de mon esprit de broussard. Le béton, le désordre et la saturation urbaine n'avaient fait qu'attiser mon envie d'éloignement, de solitude, mon besoin de penser. De me penser et de penser ma place entre les éblouissantes lumières citadines et ma nécessité de vivre en dehors du tumulte de la capitale, tout en étant parmi ses gens. Toutes ces folles foules, ces tuyaux d'échappement, ces aberrants klaxons, ces braiseuses de poisson, ces vendeurs ambulants, ces taxis jaunes, cette pollution atmosphérique, ce snobisme et ces vacarmes qui caractérisaient aussi bien les quartiers riches que les quartiers pauvres, les marchés, les rues, les églises et les écoles m'avaient mené droit vers la tranquillité frémissante des cimetières et des parcs, comme pour retrouver les forêts silencieuses de mon enfance intérieure. À cette époque, c'est finalement la quiétude de la bibliothèque nationale de Yaoundé qui avait eu raison de moi et de mes longs mois d'errance. Grâce aux livres, j'avais découvert des tas de choses incroyablement vraies, tout comme des tonnes de choses incroyablement fausses que les auteurs tenaient pourtant pour des vérités absolues. Mais j'avais surtout décelé des vérités que j'avais toujours ignorées au sujet de cette fève qui avait fini par coloniser presque toute l'Afrique subsaharienne.

L'histoire raconte que les premières tiges de cacao sont originaires des forêts tropicales de l'Amérique du Sud. Elles ont été trouvées dans l'antique Mésoamérique, qui comprend le Mexique d'aujourd'hui. Là-bas, le cacao était cultivé par les Mayas et les Aztèques. Avec cette graine, ils accomplissaient des rites, concevaient des médicaments et concoctaient des infusions mystiques pour se protéger des attaques maléfiques. Ces peuples antiques vouaient un véritable culte à cette plante, qu'ils assimilaient à un cadeau du bienheureux dieu Quetzalcóatl.

C'est sur le site de Santa Ana La Florida, près de Palanda, en Équateur, que des recherches archéologiques ont révélé des céramiques portant des traces de cacao vieilles de 5 300 ans, les plus anciennes découvertes à ce jour. Chez ces peuples antiques, le cacao était considéré comme un aliment sain pour le corps et sacré pour l'esprit. Les initiés de l'empereur aztèque avaient d'ailleurs développé une ingénieuse méthode artisanale pour fabriquer du chocolat. Ils mélangeaient la poudre de cacao avec d'autres ingrédients, comme de la semoule de maïs, de l'eau chaude, du sel, du piment sec et du miel. Après un long processus de cuisson, ils finissaient par en extraire un majestueux liquide, doux, épais et délicieusement amer. On raconte même qu'au XVe siècle, les fèves de cacao étaient utilisées par les Aztèques comme une monnaie d'échange de grande valeur. Les Mayas, quant à eux, faisaient des offrandes de cacao lors de funérailles ou en l'honneur d'élus, et les grands prêtres transformaient les fèves de cacao en lie céleste pour les cérémonies religieuses.

C'est en 1615, à l'occasion du mariage de Louis XIII et d'Anne d'Autriche, les monarques les plus en vue de leur temps, que le cacao et le chocolat firent leur entrée à la cour royale. La grande dame avait voulu couronner sa cérémonie de mariage en offrant du chocolat aux invités de marque de la cour de France. La fève des dieux fut accueillie avec tous les égards au palais royal, où elle acquit aussitôt une place de prestige. À partir de là, la popularité fulgurante du cacao se propagea dans toutes les couches supérieures de la société et donna lieu à la naissance d'un métier de premier plan : celui de *maître chocolatier*. Cette marque distinctive traversera les époques, les révolutions, les gouvernements, les guerres, les républiques et les générations, jusqu'à devenir un symbole de richesse et de pouvoir économique.

Pour satisfaire les papilles gustatives de ses élites, la France adopta dès le XIXe siècle une politique coloniale qui prit progressivement une tournure violente dans les pays convertis à la production massive de cacao. Sao Tomé fut la grande porte par laquelle cette fève de misère atteignit les côtes africaines pour imposer sa tragique domination. Les fèves de variétés Trinitario, Criollo et Forastero, qui servent de base aux cacaos les plus fins, furent introduites au Cameroun dès 1887. Avec, à la clé, des promesses alléchantes de développement économique pour la nation tout entière.

Au cours de cette nuit d'insomnie, je repensais à ces pauvres planteurs morts de maladie et d'épuisement sans jamais avoir reçu un seul prix des industries et des associations européennes du cacao, morts sans jamais avoir participé à la Coupe du monde du chocolat, morts sans jamais avoir été invités à recevoir le trophée de l'International Cocoa Awards ou les figurines du Concours Montagne de chocolats de Pâques des Pères trappistes. Je repensais aux prestigieuses Académies du chocolat Barry Callebaut en Suisse, des institutions et des centres de formation chocolatière élitistes qu'aucun fils ni aucune fille de planteurs des villages du Sud n'allait jamais intégrer. Aux derniers « événements » qui faisaient la une chez les tontons du Nord, comme les championnats du monde de chocolat, les festivals, les firmes, les foires, les marques et les salons du chocolat de Paris, de Genève, de Venise, de Berlin, de Bruxelles, de Londres, de New York, de Tokyo, de Montréal, de Toronto et de Melbourne. Tous ces privilèges qu'on avait pris soin de tenir loin des parents de mes grands-parents, loin de mes parents, loin de nous, loin de moi et loin des planteurs de cacao de mon village.

Dans un nombre incalculable de magazines et de livres alimentaires spécialisés, que j'avais découverts dans un rayon de la bibliothèque, de grands investisseurs parlaient de sommes astronomiques injectées dans l'industrie du cacao et spéculaient sur la cote du chocolat sur les marchés boursiers. Les gestionnaires, les publicitaires, les PDG et les grands commissaires des salons européens parlaient par exemple de l'Eurochocolate, un gigantesque rendez-vous international des dérivés de la fève, une coupe du monde du chocolat qui réunissait des dizaines de grands commanditaires et des milliers de consommateurs à travers le globe. Des consommateurs qui ne nous connaissaient pas, qui n'avaient jamais entendu parler de nous, ni à la télé, ni à la radio, ni dans le célèbre *Guide du Club des Croqueurs de Chocolat*, ni dans *Chocolat Confiserie et Glace Magazine*, ni dans l'*Encyclopédie du chocolat*, encore moins dans les illustres pages de *Millésime Chocolat*. Ces grands consommateurs européens se contentaient de déguster nos fèves transformées en ignorant l'histoire de nos terres, de nos souffrances, de nos rêves abîmés, de nos rudes quotidiens écorchés et les milliers de morts qui jonchaient les plantations des villages du Sud, nous qui produisions la graine des riches à la sueur de nos veines.

À l'inverse, des « chocolatologues » et autres éminents maîtres de la fève chocolatière – comme Pierre Hermé, Gaston Lenôtre, Yves Thuriès, Alain Ducasse, Nicolas Guercio, Pascal Caffet, Jacques Torres, Patrick Roger, Anthony Coquereau, Philippe Urraca, Pascal Le Gac, Robert Linxe, Nina Métayer, Jean-Paul Hévin, Fauchon, Willem Hellema, Raymond Bonnat, Maurice Bernachon et bien d'autres requins encore – avaient des poitrines bombées, des comptes bancaires blindés, des épaules couronnées de médailles d'or, d'argent, de prix, de trophées, de diplômes honorifiques et de toutes sortes de prestigieuses reconnaissances à l'échelle de la lune, une lune de sang pissant à gros jets sur la misère des planteurs de cacao du Sud.

12. Masque vert, esprit de Rambo

Équation simple : pour avoir du très bon chocolat, il faut à tout prix contrôler la provenance du cacao. Du sommet de leurs grandes ambitions, les requins de l'or vert n'ont jamais voulu lâcher la laisse et ils ne comptent évidemment pas s'arrêter en si bon chemin. De toutes les manières possibles, l'argent du chocolat a violé la plupart des conventions censées réguler la culture du cacao. Pour promouvoir leurs intentions prétendument pures, certaines sociétés ont annoncé l'objectif de produire 70 % des fèves de cacao et de ses produits dérivés dans des conditions de travail respectueuses à l'aube de 2020.

Déjà, au début des années 2000, à la suite de révélations embarrassantes sur les exactions commises dans les plantations esclavagistes de cacao, les multinationales s'étaient engagées à réduire les pires formes de travail. Elles avaient notamment promis de ne plus recourir au travail forcé des enfants en Afrique[1]. En septembre 2001, huit multinationales de l'industrie du cacao avaient également signé le protocole Harkin-Engel les engageant officiellement à éliminer le travail forcé des enfants de leurs chaînes d'approvisionnement, partout dans le monde. Plus de 20 ans après la signature de ce protocole, ces belles paroles faussement humanistes ont cédé le pas à un cynisme muet, car le bilan

1. En Côte d'Ivoire, plus de 800 000 enfants travaillent dans les plantations cacaoyères, selon une enquête de l'Université de Chicago réalisée en 2019. Julien Adayé, « Nestlé tente de redorer l'image de la filière cacao », *DW*, 8 avril 2022 [en ligne].

du système esclavagiste de la fève de cacao est toujours aussi effroyablement lourd.

Selon le Centre national de recherche d'opinion publique de l'Université de Chicago, une étude, réalisée en 2020, sur le travail des enfants en Afrique de l'Ouest a confirmé que 1,5 million d'enfants travaillent toujours dans des conditions dangereuses au Ghana et en Côte d'Ivoire, deux des plus grands pays producteurs du cacao africain[2].

Les huit signataires du protocole Harkin-Engel

2. Santadarshan Sadhu *et al.*, « Rapport final de NORC : Évaluation des progrès accomplis dans la réduction du travail des enfants dans les régions productrices de cacao de Côte d'Ivoire et du Ghana », NORC, University of Chicago, 2020 [en ligne].

La firme Nestlé, dont le chiffre d'affaires s'élevait en 2021 à environ 87,1 milliards de francs suisses (127,93 milliards de dollars canadiens), va jusqu'à parler de « certification des fèves ». Octroyer des primes d'accompagnement dans le cadre de ce qu'ils appellent le « plan cacao », une sorte d'aide à l'agriculture durable et à l'enfance, permet ainsi à ses représentants de s'octroyer le titre de défenseurs de l'écologie et de grands humanistes[3].

Pour sa part, Barry Callebaut a fait un tapage médiatique autour des 50 000 espèces d'arbres qui auraient été plantées dans le cadre du projet de reforestation d'Agbo 2, en Côte d'Ivoire. Pendant ce temps, le géant zurichois a réalisé un chiffre d'affaires annuel de 8,1 milliards de francs suisses (11,9 milliards de dollars canadiens) au cours de l'exercice 2021-2022. Mais Barry Callebaut ne s'arrête pas là. Pour mieux infiltrer les forêts et soumettre les cultivateurs avec des discours « vaseline » , l'entreprise dit s'être engagée à éradiquer toutes les violences associées à la fève dans le cadre d'un vaste programme de bonne conscience nommé en anglais « Forever Chocolate Plan ».

En attendant le triomphe de ces beaux projets, les multinationales continuent de se nourrir à la mamelle assujettie de l'Afrique. Depuis des années, la demande en fèves croît sur les marchés occidentaux et les bénéfices explosent. Selon le Conseil international du cacao, l'industrie chocolatière mondiale a réalisé un chiffre d'affaires de 100 milliards de dollars en 2021. De cette somme, les pays producteurs ne touchent que 6 %, tandis que les paysans, eux, n'en récoltent qu'un maigre 2 %. Pendant ce temps, les Suisses occupent toujours le haut du podium

3. Julien Adayé, « Nestlé tente de redorer l'image de la filière cacao », *op. cit.* ; AFP, « Nestlé lance un plan de lutte contre le travail des enfants », *24 heures.ch*, 27 janvier 2022 [en ligne].

avec leur consommation annuelle d'un peu plus de 11 kilogrammes de chocolat par individu, selon le média romand *Le Temps*. Bien qu'hallucinantes, ces statistiques n'empêchent jamais les responsables des multinationales de parler ouvertement et sans honte aucune du prétendu « commerce 100 % équitable ».

De la fève à la tablette. C'est en parlant de la sorte que le producteur et journaliste néerlandais Teun van de Keuken, propriétaire de la célèbre marque Tony's Chocolonely et de plusieurs autres, entretient l'illusion auprès des consommateurs naïfs qu'il existe du « chocolat engagé ». Mais tous ces entrepreneurs de la fève agissent de la sorte exclusivement pour garantir leurs bénéfices et laver leur image auprès du public. Il suffit de gratter la surface de ces déclarations pour découvrir la profonde discordance avec la réalité des plantations en Afrique. Ces paroles, politiquement correctes, ont pour seul et unique but de soulager la conscience de ces faiseurs d'argent et de celle de millions de consommateurs européens qui ne veulent pas se poser une question cruciale : celle de la provenance de la matière première de leur grand bonheur gustatif.

Au cours de l'histoire moderne, il est arrivé à quelques reprises qu'une multinationale du cacao soit accusée de malversations. Prenez par exemple cette plainte déposée en Californie contre Nestlé, Cargill et Lindt, trois entreprises accusées par un groupe d'avocats américains d'être impliquées dans le travail forcé de six enfants maliens, enlevés alors qu'ils étaient mineurs et emmenés dans les plantations de cacao en Côte d'Ivoire[4].

Cela dit, très peu de personnes connaissent la véritable domination qu'exercent les multinationales de la chocola-

4. Gaspard Kühn, « Les géants du chocolat devant la justice américaine », *RTS*, 19 avril 2021 [en ligne].

terie mondiale sur les pays du Sud. Au fil du temps, Nestlé, Cargill, Lindt, ADM et toutes les autres entreprises de l'or vert ont très souvent fait l'objet de plaintes et autres accusations. Seulement, elles sont devenues de grandes habituées des procès et autres batailles juridiques dont elles sortent presque toujours victorieuses. En plus des appuis strictement politiques et même militaires dont certaines d'entre elles bénéficient pour exploiter les populations du Sud, ces entreprises occidentales disposent la plupart du temps de bataillons d'avocats, d'informateurs, de procureurs et de juges chèrement payés pour défendre corps et âme les intérêts du capitalisme et la dictature du cacao. Certaines arrivent même à infantiliser des médias et des associations de consommateurs dans le but de redorer leur blason aux yeux du monde. Et puis, il y a toujours des voix, celles qui viennent sceller les cercueils et condamner les destinées, les voix autoritaires, une autorité à nulle autre pareille qui se donne pour mission de savoir mentir aux bons peuples chaque fois que ceux-ci sombrent dans le doute.

Oui, c'est bien cela l'humaine tragédie du supermarché colonial, la tragédie du capitalisme qui opère en tout temps et en tout lieu, fabriquant des personnages de cirque, des acteurs en manipulation des masses, des cinéastes du divertissement, des scénaristes du mensonge, des prestidigitateurs de l'information, des trafiquant du sens, des ingénieurs en langue de bois et des metteurs en scène qui subliment et affûtent la grande utopie mondiale. Le monde du *business* de la fève semble dirigé par de grands pirates des mœurs qui savent dresser les moutons humains, empêchant ainsi tous les exploités de la fève de se rendre compte de l'écrasante servitude dans laquelle ils étouffent et meurent depuis des générations.

Outre la voix des influents députés européens et américains ainsi que des PDG de multinationales, il y a surtout la voix de Rick Scobey, un ancien président de la World Cocoa Foundation, un type qui affirmait sans aucun scrupule sur les ondes de Radio France internationale (RFI) que toutes les multinationales du cacao agissent pour combattre la déforestation. Or, nous savons très bien que la prospérité économique de la culture du cacao dépend foncièrement de la destruction de la nature. La croissance de ces entreprises capitalistes exige clairement que des forêts soient abattues, que des milliers d'hectares de terre soient annexés et que les autochtones de certains pays africains soient expulsés des villages avec la complicité des gouvernants locaux corrompus.

À noter que les propos de Scobey n'interrogent nullement les causes des destructions environnementales que celui-ci dit vouloir résoudre avec ses amis. Si les gouvernants et de nombreuses personnes savent que l'approvisionnement en fèves de presque toutes les entreprises occidentales du chocolat est en grande partie basé sur l'exploitation abusive des terres, des hommes, des femmes et des enfants des pays d'Afrique, Rick Scobey, Teun van de Keuken, les entreprises du cacao et les PDG des firmes de chocolat font clairement abstraction de cette sombre réalité. Ils préfèrent parler d'« équitabilité de droit », de « libre-échange » et d'« économie verte » en lieu et place de ce qui n'est en réalité qu'un chaos de misère entretenu par un monumental asservissement des corps, des terres et des consciences.

Sans doute atteints du virulent syndrome de l'écoblanchiment, les dirigeants de Tony's Chocolonely ont même réussi à inventer un slogan accrocheur pour habiller la propagande publicitaire des produits de la maison : « *Crazy about chocolate, serious about people* » (« Fous de chocolat, sérieux avec les humains »). Mais les humains dont ces hommes d'affaires font mention dans ce slogan ne sont pas tout à fait de vrais humains faits de chair, de sueur, de sang et d'épuisement comme les humains d'Afrique. Les réformes agricoles que ces hommes en costumes trois pièces s'évertuent souvent à étaler dans la presse et les magazines de l'Occident ne concernent que des humains fictifs, des hommes et des femmes en papier qui n'existent qu'à travers les chiffres, les accords bilatéraux boiteux, le journal télévisé, la radio, internet et les discours stratégiquement politiques des conseils d'administration aux couilles en or massif.

Sur le terrain, c'est une tout autre histoire. Bien que le système économique et social ait changé de mécanismes et qu'il soit devenu plus raffiné, l'esclavage existe toujours dans les plantations de cacao et sous ses formes les plus aliénantes. Il est pratiqué avec le même cynisme qui l'avait caractérisé dans les premières années de la Françafrique. Pour promouvoir un chocolat soi-disant 100 % sans esclavage, des hommes d'affaires occidentaux ont décidé il y a quelques années de repousser encore plus loin les limites du délire en investissant des dizaines et des dizaines de millions d'euros dans la foire Eurochocolate, une sorte de Disneyland européen du chocolat qui se tient une fois par année à Pérouse, en Italie. Ses promoteurs revendiquent publiquement l'idée d'ouvrir les consciences sur la culture esclavagiste des fèves et éduquer la population européenne à la consommation responsable.

Mais tout esprit lucide a conscience qu'il faut sans cesse augmenter la production de cacao pour alimenter une telle machine à vendre du chocolat à tous les hommes, les femmes et les enfants du monde. Ou plutôt, à tous les hommes, les femmes et les enfants des familles nanties du monde occidental[5].

---

5. Christiane Tixier, *Chocolat. Cet aliment qui vous veut du bien*, Paris, Eyrolles, 2008.

13. Le baiser mortel de Mad Max

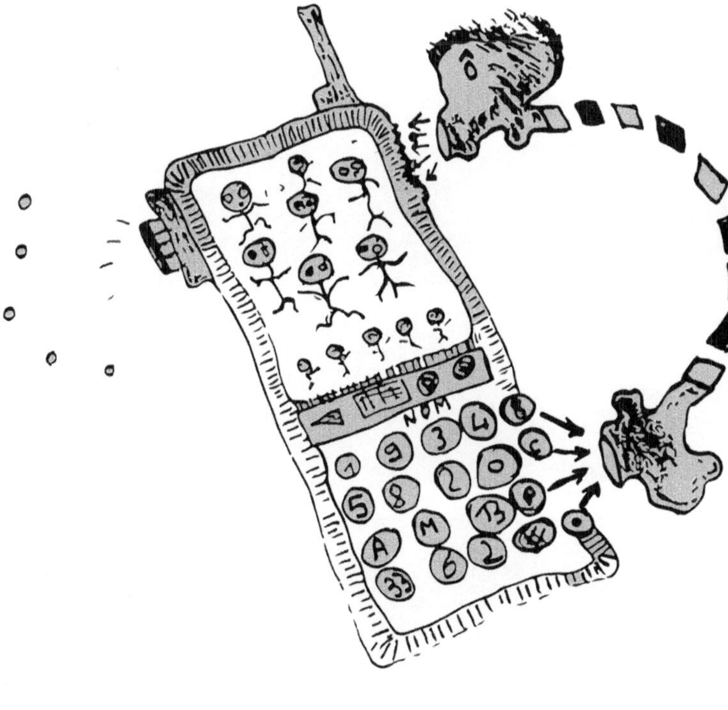

Qu'en est-il des enfants du tiers-monde ? Qu'en est-il des fils, des petits-fils et des arrière-petites-filles des vieux planteurs du Sud ? Disons qu'on leur a simplement offert la paix de l'ignorance en guise de chaînes et de prison, car les enfants des villages africains doivent continuer de ne pas savoir ce qui les attend, tout comme leurs parents et leurs arrière-grands-parents avant eux. Pendant ce temps, de l'autre côté des océans, les hommes d'affaires de la fève peuvent continuer de se pavaner sous les jolis climatiseurs de Wall Street, avec leurs énormes capitaux cotés à la Bourse new-yorkaise, et organiser de prestigieuses cérémonies encensant et couvrant de récompenses des célèbres marques de chocolat comme Villars, Skelligs Chocolate, Videri Chocolate, Omnom, Misina Cokolada, Romeo Viganotti, Casa Kakau, Cocoa Mountain ou Modica. Quand je pense que le quart de leur fortune aurait suffi pour restaurer la dignité des forêts et celle de millions de planteurs de cacao en Afrique, des fois j'en pleure de rage.

Il m'arrive souvent de repenser à tous ces maigres paysans laminés par les carences alimentaires parce qu'on leur avait imposé la monoculture durable du cacao au détriment de l'élevage, de la pisciculture et d'une agriculture diversifiée. Comment oublier ces grandes étendues de forêts équatoriales violées, dévastées, vidées de leurs belles essences d'arbre, de leurs primates, de leurs oiseaux, de leurs fauves, de leurs abeilles et de leurs serpents royaux ? Comment ne pas penser aux centaines de rivières contaminées, aux sols empoisonnés, aux écosystèmes assassinés par les bulldozers du capitalisme, à la biodiversité africaine exterminée au profit d'une seule et unique plante qui n'apporte finalement pas tout le bonheur escompté à ses principaux cultivateurs ? Aujourd'hui, les plus grands pays exportateurs du cacao sont devenus de lamentables territoires où la culture de la précieuse fève dévaste les sols et les familles, tout en détruisant les écosystèmes indispensables à la biodiversité.

Et la grande destruction se poursuit. Pendant que le groupe Mars investissait près de 830 millions d'euros (1,15 milliard de dollars canadiens) dans la recherche pour inventer une variété de cacao résistante aux effets du réchauffement climatique, l'Organisation des Nations unies pour l'alimentation et l'agriculture (FAO) annonçait que le taux de déforestation en Afrique était passé de 3,4 à 3,9 millions d'hectares entre 2016 et 2018. En fait, les forêts primaires ont largement reculé dans tous les pays producteurs de cacao. Dans un rapport intitulé *Mensonges sous emballages*, l'ONG américaine Mighty Earth a pu démontrer, grâce à l'analyse des données satellitaires et à leurs visites sur le terrain, que la Côte d'Ivoire et le Ghana avaient perdu respectivement 2 % (ou 19 421 hectares) et 3,9 % (ou 39 497 hectares) de leur couverture forestière depuis 2019. Cette perte est équivalente à la taille de villes comme Madrid, Séoul ou Chicago.

Selon France Nature Environnement, plus de 110 000 hectares de parcs naturels ont été défrichés entre 2001 et 2014 au Ghana. La surface forestière du pays a disparu de près de moitié entre 1980 et 2010, passant de 8,8 à 4,9 millions d'hectares.

D'après certains comités scientifiques et autres écologistes, si la politique agricole du cacao ne change pas, la totalité des forêts de la Côte d'Ivoire aura disparu d'ici 2034. Selon Commodafrica, la déforestation dans ce pays a atteint le taux le plus élevé d'Afrique, avec la disparition d'environ 80 % de ses forêts au cours des 50 dernières années. La moitié des aires protégées ivoiriennes a cédé la place à la culture massive du cacao, ce qui a inexorablement entraîné la disparition de plusieurs espèces végétales et animales. C'est le cas des grands éléphants qui, selon le ministère ivoirien des Eaux et des Forêts, ne sont plus qu'environ 400 individus dans tout le pays. Il s'agit ici d'un véritable écocide à ciel ouvert acclamé par les bourreaux du capitalisme international.

À l'échelle mondiale, la superficie forestière a baissé de 4,7 millions d'hectares par an entre 2010 et 2020, rapporte la FAO[6]. Près de 80 % de cette déforestation est causée par l'agriculture intensive. Les experts de la FAO soulignent également que le processus de fabrication du chocolat génère une importante quantité de CO_2 et autres gaz à effet de serre qui accentuent le dérèglement climatique[7].

Les camions de transport de cacao sont devenus un autre facteur de pollution massive de l'air en Côte d'Ivoire, indique de son côté l'Institute for Health Metrics and Evaluation[8], ce qui n'est pas sans danger pour la santé de la population. Le secteur très lucratif du transport de l'or vert est d'ailleurs une chasse gardée de grandes sociétés privées, parmi lesquelles on compte Cargill, Barry Callebaut, MSC, AsstrA et bien d'autres multinationales qui possèdent leurs

6. « Lancement de l'analyse la plus complète des ressources forestières sous une forme novatrice », Rome, Organisation des Nations unies pour l'alimentation et l'agriculture, 21 juillet 2020.

7. Rappelons que, chaque année, environ 3 millions de tonnes de chocolat sont englouties dans le monde, dont 60 % sont consommés seulement en Europe. Voir « Déforestation due au chocolat : un désastre évitable », France Nature Environnement, 12 février 2018 [en ligne].

8. « La durabilité dans la filière du chocolat, c'est aussi dans le transport », *Commodafrica*, 1er mars 2018 [en ligne].

propres flottes de navires et de véhicules pour ravitailler les métropoles occidentales.

Je repense souvent à ces régions éloignées du sud du Cameroun où la culture du cacao est devenue une religion, alors que les planteurs ignorent totalement le pouvoir économique que leurs fèves octroient à de célèbres entreprises mondiales. Je repense à la SODÉCAO, la Société de développement du cacao camerounais créée en 1974, et à toutes les promesses fallacieuses que celle-ci a fait miroiter au peuple camerounais au fil des générations. Les dirigeants de la SODÉCAO et le gouvernement camerounais, par-delà le fait qu'ils se sont rempli les poches avec leurs partenaires occidentaux, ont enrôlé le pays dans la culture de masse du cacao en parlant du développement de la filière *made in Cameroun* (qui n'a jamais réellement vu le jour), du désenclavement des zones rurales (qui n'est pas effectif), de la santé des planteurs (qui reste dérisoire), de l'aménagement des terres cultivables (une illusion), de la protection environnementale (un canular), etc. Tout cela n'a jamais été qu'un système de propagande pour maintenir les travailleurs de la fève au plus bas niveau de l'échelle économique et sociale, c'est-à-dire à la limite de l'étouffement.

Le gouvernement avait bien mis sur pied un réseau de petites et moyennes coopératives agricoles pour réguler les rapports entre les planteurs et les acheteurs, afin de veiller aux intérêts des communautés locales dans un processus de libre-échange. Malheureusement, ces coopératives agricoles frappées du sceau du parti au pouvoir se sont rapidement reconverties en organes de militantisme politique, ce qui n'aide en rien les cultivateurs. Pour tout dire, elles sont même devenues l'un des principaux freins à l'émancipation des planteurs et à l'autonomisation des localités. Au lieu de chercher à comprendre le système économique du cacao et ses codes d'exploitation, nos chères coopératives agricoles se sont transformées en cercles de causerie religieuse, en hangars d'esclaves bon marché, en communautés de soûlards, en centres de perte de temps, en ateliers de débrouillardise et en cartons de vote sans aucun pouvoir décisionnel ni sur elles-mêmes, ni sur l'économie des villages, et encore moins sur le *business* international du cacao. Pendant que le prix du kilogramme de cacao se donne le droit de danser à sa guise sur des balances truquées, ces coopératives ne peuvent que remercier Jésus et le père de la nation pour la bonté de leur amour. Je repense souvent à la Côte d'Ivoire, au Ghana, au Cameroun, au Nigeria, au Togo, à l'Ouganda, à la Sierra Léone, à tous ces pays d'Afrique qui produisent environ 80 % du cacao mondial et dont une partie des populations vit toujours en dessous du seuil de pauvreté.

Il m'arrive souvent de repenser à ces millions de cultivateurs croulant sous le chagrin et la misère, eux qui n'ont pas vu leur vie changer d'un seul iota, alors que les fèves issues de leurs terres produisent de beaux milliardaires aux cheveux lisses de l'autre côté des eaux. Pourquoi Cadbury, Mondelez, Olam, Ferrero, Hershey, Mars, Nestlé et tous ces papes de la confiserie mondiale ne pensent-ils pas à nous ? Pourquoi aucun des produits dérivés de ce cacao qui germe dans nos terres et qui éclot de nos efforts et de notre pénitence n'arrive jamais jusqu'à nos assiettes ? En tant qu'enfants ouvriers des plantations, nous aurions aussi voulu un tant soit peu goûter aux parfums sophistiqués des multiples marques de chocolats européens, dont la matière première est toujours en grande partie issue de l'exploitation sauvage de notre continent.

L'autre jour, je repensais à ce fameux défilé de robes haute couture présentées en 2017 devant l'élite du mécénat international. On y avait vu cet hallucinant chef-d'œuvre, une robe confectionnée par la célèbre styliste de mode Élise

Martimort qui avait ensuite été chocolatée par Hasnaâ Ferreira, de Hasnaâ Chocolats. Par cette incroyable collaboration artistique entre le textile et l'alimentaire, les deux femmes avaient écrit une nouvelle page de l'industrie de la mode à la solde du très chic, du très cher et de la démesure. La délicate et précieuse robe en bonbons de chocolat avait été présentée sous les grands projecteurs du Salon du chocolat de Paris, c'est-à-dire à des années-lumière de notre réalité villageoise. Rassurez-vous, notre belle robe n'a pas fondu sous les lumières, ni sous le poids des paillettes et autres flashs des caméras. Mais il faut tout de même reconnaître que ce travail était une cocréation inédite de haute facture que les femmes et les épouses des vieux planteurs du Sud ne pourront jamais admirer, jamais approcher, jamais toucher et encore moins porter, quand bien même elles auraient la chance d'être au courant de la possible existence d'un tel chef-d'œuvre. En toute hypocrisie, les cultivateurs et les cultivatrices de la fève ont toujours été les exclu·es du grand dîner des dieux.

De la Journée mondiale du cacao et du chocolat, célébrée chaque année le 1er octobre par les grands consommateurs et les empires financiers de la graine, les planteurs sont et demeurent toujours les tristes oubliés. Comme on dit : tant que le chasseur racontera l'histoire, on ne saura jamais rien de la résistance animale. Pourquoi ni moi ni aucun autre enfant des forêts équatoriales n'avons jamais ni vu ni entendu parler des grands musées tels que le Lindt Home of Chocolate, le Choco-Story – Musée du chocolat de Bruges et ceux de Bruxelles, de Cologne, de Barcelone ou de Saint Stephen, au Canada ? Pourquoi nous, assidus paysans du Sud, n'avons jamais eu la bonne étoile de déguster un Magnum, l'onctueuse glace vanille enrobée d'un doux chocolat blanc, le chocolat de DeLafée, la Madeline aux truffes de Knipschildt, le grand et doux chocolat noir d'Espagne au goût prononcé de miel ? Pourquoi ni moi ni aucun autre enfant des forêts équatoriales n'avons jamais vu ni entendu parler des tablettes démentes de la Maison du chocolat et autres pâtes à tartiner au praliné ? Les enfants des planteurs du Sud auraient pourtant bien aimé déguster cette ganache nature enrichie de crème fraîche, de beurre enrobé d'un chocolat noir avec une fine feuille d'or produite par les Palets d'or. Les hommes et les épouses des cultivateurs de cacao en Afrique auraient certainement bien aimé déguster les Barres Infernales XXL, alliant le croquant au fondant. Les habitants de la forêt équatoriale auraient aussi voulu savourer ces grands crus d'exception de Talakalum, de Tablette Bonnat, de Pure Origine, de Cacao Cusco, de Criollo, de Tien Gang, de Pierre Marcolini et ces parfums de miel en cacahuètes caramélisées de To'ak, de Cailler, de Bruyerre, de Barry Callebaut, de Favarger, de Corné Port-Royal, de Lindt, de Five O'Clock, de Leonidas, de Suchard, de Zaabar, de Chuao, de Côte d'Or, de Daskalidès, de Cluizel, de Galler, de Godiva, de Neuhaus, de Kohler ou de Nutella !

J'ai toujours eu une pensée triste pour Cacao Barry qui organise les World Chocolate Masters tous les deux ans, sans jamais penser aux fils et petites-filles de paysans, à ceux et celles qui ne connaîtront jamais la saveur du mot « privilège » ni ne sauront pourquoi, en définitive, depuis des siècles, des millions d'hommes, de femmes et d'enfants africains continuent d'être enrôlés dans un engrenage tortionnaire sans fin. Leurs vies semblent avoir été programmées spécialement pour travailler à la chaîne dans les plantations de cacao. Ces personnes noires de nationalité colonisée semblent exister uniquement pour servir de ravitailleurs inconditionnels aux métropoles occidentales contrôlées par le gang de la « chocolat mania ». À bien observer ces cultivateurs subsahariens, ils semblent avoir été sculptés et dressés d'une façon effroyablement méthodique. Il m'avait suffi d'échanger avec quelques-uns d'entre eux dans les villages du sud du Cameroun pour comprendre à quel point la plupart étaient incroyablement aliénés, au point d'être hostiles à leur propre épanouissement, hostiles à l'indépendance de leurs terres et hostiles à toute prise de conscience demandant un effort de résistance important qui leur permettrait de se libérer de l'emprise des tontons flingueurs.

Ce que beaucoup négligent et ne savent pas dans le drame de la colonisation et de l'esclavage, c'est que les plus grands dommages n'ont pas été commis uniquement sur le plan de l'exploitation sauvage des ressources naturelles, il y a aussi eu des dégradations graves sur le plan culturel et spirituel. Les planteurs du Sud ne se dévalorisent pas par simple mimétisme ou par simple ennui, ils sont victimes de réflexes ataviques hérités de l'aliénation radicale subie par leurs ancêtres. Dans cette catastrophe, il n'y a donc pas seulement eu des dommages environnementaux, il y a aussi les dommages fonciers du soi intérieur. Certains Africains ont été coupés à la base de leur identité et ils ne savent plus penser comme il faut.

Ainsi déracinés, il n'est donc pas surprenant que nos hommes politiques ne puissent objectivement être que de faibles leaders corrompus à la tête d'États fantômes soumis à l'ennemi au nom du profit. Cette aliénation radicale est un indice capital pour comprendre le laxisme de certains chefs d'États africains face aux grands oppresseurs du Nord. Certains experts en politique africaine affirment même, sous le couvert de l'anonymat, que la bataille pour le contrôle du *business* du cacao est pour beaucoup dans la crise politique qui a causé l'inacceptable mort de plus de 3 000 personnes en Côte d'Ivoire en 2010. On dirait que la pensée nationale africaine a été piratée par des forces occultes qui nous dépassent et que le mode « éveil » de notre programme mental a été désactivé.

Si les croisades coloniales, les inquisitions religieuses et les violences d'occupation ont réussi à creuser des gouffres de traumatismes au Sud, c'est bien parce que les envahisseurs du Nord ont eu raison des personnes sur le terrain très privé du soi intérieur, là où un Homme devrait toujours être un Homme en dépit de toute aliénation. Et ils ont réussi à le faire non seulement de façon politique, comme on le croit souvent à tort, mais aussi d'une façon religieusement chirurgicale depuis l'os de la raison intime, si on peut dire. En Afrique, les colons ont en effet su instaurer un système de manipulation si efficace que les travailleurs du Sud acceptent leurs conditions d'exploités avec un amour qui dépasse la raison des raisons. D'ailleurs, chez les dominés, il existe toujours une hiérarchie pour entretenir la misère sociale. Souvent, des exploités autoritaires possèdent d'autres exploités autoritaires qui eux-mêmes possèdent d'autres exploités autoritaires et ainsi de suite.

Les cultivateurs du Sud semblent avoir été réglés sur une horloge suisse afin de ne jamais désobéir, quelles que soient la brutalité et l'ampleur des injustices perpétrées à leur endroit. Ils semblent avoir été érigés en pyramide de précarité, élevés en sanctuaire de lamentations et constitués en syndicat d'autoflagellation pour s'adorer tels qu'ils sont. Dans les régions enclavées du sud et de l'est du Cameroun, plutôt que de s'attaquer aux élites et aux multinationales qui les exploitent, il arrive souvent que des familles de cultivateurs et certains clans de planteurs s'affrontent mortellement pour protéger le peu de manne maudite que le buffet des riches laisse tomber sous la table de l'Afrique. Et tout cela est bien normal au regard de la communauté locale, qui y trouve même une justification biblique : « Au-delà de cette vie mondaine, les portes du paradis resteront à jamais ouvertes à tous les pauvres», disent les Saintes Écritures. À travers des religions de déracinement et l'ultrablanchiment de l'esprit, on leur a enseigné que la vie sur Terre est dérisoire à côté de celle qui les attend à bras ouverts au chevet paradisiaque du Christ.

On pourrait presque dire que c'est par dévotion que les planteurs de cacao vont se tuer, dos et pensée courbés, à la gloire des mêmes multinationales occidentales, à la solde de la même machinerie tortionnaire qui les écrasent depuis tant de générations. Des millions de gens abrègent ainsi leurs rêves, condamnent leurs projets, leurs talents, et troquent lamentablement leurs aspirations d'êtres humains fiers pour le confort d'une minorité d'insatiables. Les cultivateurs de cacao vont à chaque saison se jeter corps et âme dans la venimeuse géhenne des forêts au service des mêmes vampires, toutes ces entreprises spécialisées dans le despotisme alimentaire et le sabotage systématique du droit des peuples d'Afrique à disposer totalement d'eux-mêmes.

Pour moi, comme pour tout esprit raisonnable, il est évident que depuis son entrée à la cour royale de France, en 1615, la culture du cacao est devenue la bannière d'un sinistre prolongement de l'esclavage, de l'oppression économique, de la conquête alimentaire et de la colonisation outrancière du continent africain. Mais il nous faudra bien un de ces quatre arrêter l'expansion criminelle de ces tontons flingueurs et refuser fermement de continuer d'exister à genoux, et par procuration, sur nos propres terres.

14. La main sur le cœur

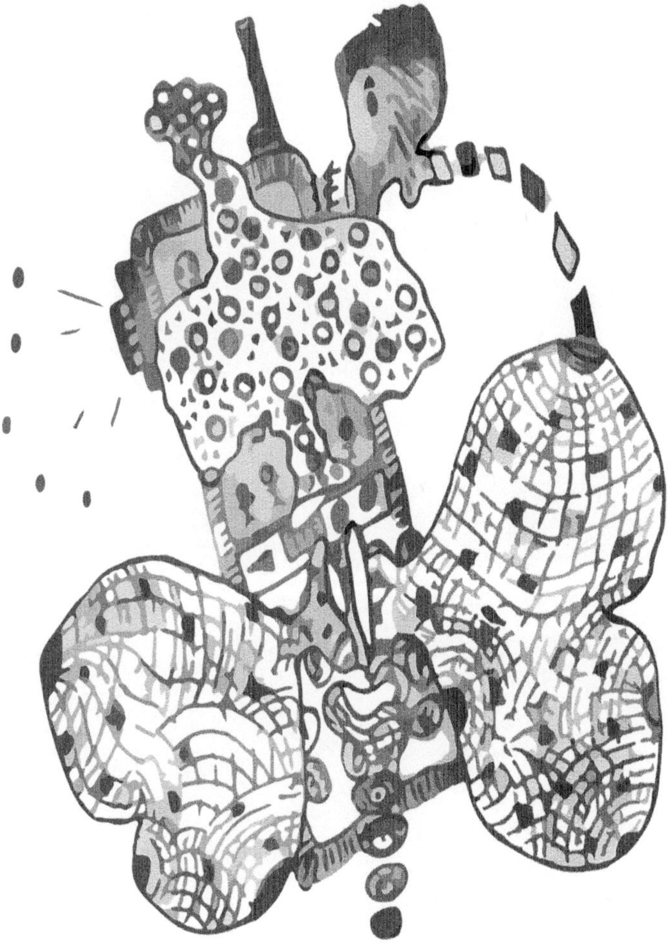

Yaoundé, 4 août 2022, quartier Bonamoussadi, après quatre années d'études et de recherches à l'Université de Ngoa-Ekélé. Cette nuit-là, j'avais le cœur lourd, mon cerveau baignait dans une tonne de confusion que je n'arrivais pas à enrayer. Comme si les piliers qui avaient bâti les raisons de mon engagement s'écroulaient subitement devant le défi que je m'apprêtais à affronter. Je n'avais pas fermé l'œil de la nuit, je pensais à ce moment de non-retour qui s'imposait à moi et je comptais les minutes comme une voiture en détresse sur une autoroute dangereuse, tous les voyants de mon cerveau n'arrêtant pas de clignoter pour indiquer une panne moteur dans ma tête. Je passais en revue toutes les douloureuses années que j'avais surmontées pour honorer la mémoire de mon grand-père et je me rendais compte que j'avais passé ma vie entre les bibliothèques et les petits boulots qui servaient à payer mes études à Ngoa-Ekélé. Il y avait longtemps que je n'avais pas remis les pieds au village pour embrasser ma terre natale, ma grand-mère, mes oncles, et écouter ma forêt. Toutes ces sensations villageoises de mon enfance me manquaient terriblement en cette nuit particulière au chevet de mon avenir.

En ce petit matin du 4 août, au beau milieu d'une montagne de miettes de pain, de stylos, de papiers et de livres éventrés, je me levai lourdement de mon canapé-lit, je fis un tour aux toilettes, pris un bain et passai un dernier coup de brosse sur mes chaussures aux talons usés par des années de marche entre les amphis et les quartiers. Devant mon vieux miroir fissuré, je dus accepter pour une fois de mettre un nœud papillon et je pliai les manchettes trop longues de ma chemise kaki qu'un ancien Mbènguiste m'avait ramenée de l'étranger trois ans plus tôt. J'enfilai mon vieux blouson sport avec un écusson de la NBA et pris un moment pour me soumettre à la théorie du BBH (beignets, bouillie et haricots), célèbre recette alimentaire des quartiers difficiles sans laquelle aucun jeune ne pouvait réellement penser affronter le dur labeur des longues journées d'espérance. Ensuite, je craquai une allumette, tirai plusieurs fois sur ma pipe et crachai la fumée sur la paume de ma main gauche comme pour essayer de lire la destinée qui m'attendait dans le brouillard de mes questionnements. Étant la seule chose dont j'avais hérité à la mort de mon grand-père, cette pipe revêtait à mes yeux une signification spirituelle. Elle était devenue un véritable objet de culte que je couvrais d'attention chaque matin au lever et chaque soir au coucher. Lorsque mes tourments étaient au comble, sans hésitation, je demandais conseil à ma pipe. Ce matin-là, après un court moment de révision, je rangeai mes documents dans mon sac à dos, refermai la porte de ma chambre derrière moi et pris la route de mon destin à travers la grande effervescence de la ville de Yaoundé.

Après la mort subite de mon grand-père, en 1994, ma scolarité fut extrêmement chaotique par manque de moyens financiers, moi qui avais pourtant fini par apprécier l'école avec le temps. Mais j'étais résolu à laver l'honneur de ma famille et à relever le défi lancé par mon grand-père : celui de devenir le premier haut fonctionnaire de la localité, et ce, pour sortir notre village de la pauvreté et de la misère du cacao. Pour continuer mes études, j'alternais les petits boulots de vigile, de répétiteur ou de distributeur de journaux, des jobs sans lesquels je n'aurais jamais pu continuer de payer mes études. L'année de mon baccalauréat, presque toute ma famille était sceptique à l'idée que je puisse réussir mon examen, d'autant que je m'étais présenté comme candidat libre. Mais un tour de magie se produisit, et je décrochai mon bac avec mention très bien, ce qui fit de moi le premier bachelier de mon village inscrit au tableau d'honneur du département. Plus tard, à l'Université de Ngoa-Ekélé, je décidai d'étudier les lettres modernes et la littérature négro-africaine, sans doute motivé par ma passion précoce pour l'histoire et les livres. Je dois avouer qu'à mes yeux, la littérature était devenue la clé du savoir, le seul lieu où la connaissance et la vérité pouvaient encore voguer en toute liberté, à la portée de tous, avant d'être travesties par les hommes de l'ombre.

« Mais pourquoi perdre du temps à étudier la littérature ? » m'avait demandé mon oncle avec insistance, estimant que j'étais tombé sur la tête. « La littérature, franchement, à quoi ça sert ? Abéna, on n'a pas besoin de ça dans la famille. Autant retourner au village et te mettre rapidement à la chasse aux serpents à sonnette », m'avait-il lancé en se moquant un peu de moi. Son inquiétude avait tout de même réussi à soulever quelque chose au fond de moi : pourquoi, au lieu de choisir une carrière ambitieuse, plus élitiste, à la manière des médecins, des pilotes d'avion, des avocats, des ingénieurs, des PDG et autres diplomates, avais-je opté pour une filière aussi ringarde ? Pourtant, la raison pour laquelle j'avais pris cette décision brûlait toujours comme un feu ardent dans mes veines. Au fond de moi, une phrase était restée gravée depuis ma dernière année d'école primaire, lorsque j'avais entendu un maître prononcer ces paroles : « Pour cacher quelque chose à un Noir, il faut l'écrire. » Comme si c'était hier, je me souviens du jour où j'avais finalement osé poser la question à ce maître, pour comprendre le véritable sens de ces mots. Cet après-midi-là, le maître m'avait simplement répondu en disant : « Eh bien, monsieur Abéna, sachez que le savoir est dans les livres. D'après certains Blancs, les Noirs ne lisent pas et, par conséquent, voilà pourquoi ils sont bêtes. » À ces mots, j'avais senti mon corps frémir violemment comme s'il était traversé par un séisme. À l'idée que des gens qui ne nous connaissent pas nous trouvent bêtes pour une seule question de livres, je fus envahi par un sentiment de colère qui me retourna les intestins. Ce jour-là, ma résolution fut prise : puisque le savoir n'existait nulle part ailleurs que dans les livres, eh bien, c'est au savoir des livres que j'allais consacrer ma vie.

Ce matin-là, avant d'aller affronter mes juges académiques, une part des souvenirs de mon enfance enveloppa subitement mon être, comme un vif retour à la source. Cette époque où j'adorais les arbres comme des êtres chers, des frères et des pères, cette époque où j'allais me prosterner dans la quiétude des montagnes d'Afane Ibandè, cette époque qui avait allumé et nourri ma passion pour la médecine traditionnelle ainsi que mon amour pour les nuits noires animistes qui initiaient mon esprit au mystère de la vie équatoriale. C'en était fini de l'époque où je défrichais des hectares de forêt, abattais des arbres, brûlais des montagnes d'herbes, labourais de grandes surfaces de sol, creusais des centaines de trous les uns à la suite des autres pour y insérer des milliers de graines dans la chair de la terre et alimenter la culture outrancière du cacao.

Ces années étaient maintenant derrière moi, la possibilité de faire des études en ville m'avait finalement éloigné de la misère des plantations. Pourtant, la misère des plantations n'avait pas changé d'un iota. À chaque vacance au village, je voyais les mêmes hommes, les mêmes femmes et leurs descendances toujours engloutis dans la servitude de la fève. La seule chose qui changeait avec le temps était leur physique délabré et non leurs conditions de vie. Des corps de pauvres cultivateurs jonchaient encore les pistes des forêts empoisonnées par la dictature des patrons de l'or vert. Et cette douleur-là ne m'avait jamais quitté, elle ne me quittait pas, malgré les années d'université passées parmi les gens de la ville. Comme un animal féroce pris en cage, la souffrance des planteurs de cacao de mon village hurlait toujours au fond de mes veines. Comme un naufragé qui ne cesse de sortir la tête de l'eau, le fantôme des cultivateurs hantait encore ma mémoire des nuits longues. Je n'avais pas arrêté de penser à ces familles dont l'existence ne se résumait qu'à nourrir l'Occident, en attendant de gagner une place au paradis des prêtres blancs. Je devais contribuer à libérer les planteurs de cacao africains de la servitude économique, puisqu'il était désormais clair qu'aucun Africain ne pouvait s'émanciper de l'esclavage moderne par la seule bonne volonté de ceux-là mêmes qui pillent la Terre-Mère. Alors, moi Abéna, j'avais décidé d'aller chercher le savoir dans le ventre des livres, là où les Blancs disaient l'avoir caché.

En ce petit matin du 4 août 2022, je suis arrivé dans la salle de soutenance à l'université, je me préparais à passer des heures devant un comité de vieux professeurs agrégés. J'allais enfin présenter et défendre mon sujet de thèse. Après les convenances d'usage, la parole me fut donnée, et j'énonçai le titre de mon sujet: « Le colonialisme vert en Afrique ». Au bout de deux heures, j'avais démontré diverses stratégies de contrôle social et de manipulation politique qui asservissent les agriculteurs africains. J'avais évidement dû répondre aux interrogations sur des points plus sensibles de mon sujet de thèse, comme la géopolitique des firmes agroalimentaires, l'inefficacité des conventions internationales en matière de gestion des forêts, le taux de pollution du système de transport des produits agricoles et l'accélération des déforestations attribuables à la pratique intensive de la monoculture. La gravité de mon propos fut étayée par des hypothèses qui traduisaient toute la violence des écocides causés par une exploitation abusive des ressources et des humains du Continent premier.

Pour clore mon exposé, j'ai cité cette phrase du philosophe américain Will Durant: « Une grande civilisation n'est conquise de l'extérieur que si elle s'est détruite de l'intérieur. » Cela laissait clairement entendre que la lutte contre le colonialisme vert devait absolument se mener sur deux fronts. La jeunesse africaine avait effectivement deux ennemis à combattre sans autre forme de procès: l'oligarchie occidentale et l'oligarchie africaine entretenue par certains de nos pères corrompus. Car ces pères politiques africains en qui les peuples avaient placé leurs espoirs de libération en étaient finalement venus à se lier à l'impérialisme occidental qui embrigade encore la souveraineté du continent africain.

Lorsque j'eus terminé, je repris mon souffle, déboutonnai les manchettes de ma chemise complètement mouillée, passai un mouchoir sur mon front pour éponger la sueur qui n'avait pas arrêté de ruisseler sur mon visage tendu, remerciai l'assistance et m'assis. Un tonnerre d'applaudissements retentit dans toute la salle, suivi d'une ovation debout qui dura plusieurs minutes. Le recteur de l'université prit la parole et ne tarit pas d'éloges à mon endroit. D'après lui, j'étais un étudiant modèle doué d'un sérieux conséquent. Il souligna le caractère original et sensible du sujet que j'avais choisi de traiter et loua les studieux efforts de recherche que j'avais déployés pour enrichir mon propos de faits et d'analyses exhaustives. Le recteur passa ensuite la parole à l'observateur international, monsieur Philippe Le Duc, éminent professeur de lettres modernes des universités de Paris.

Le professeur alla dans le sens du recteur et déclara que, de toute sa carrière passée à sillonner les universités africaines, c'était la première fois qu'il assistait à une telle maîtrise du sujet de la part d'un étudiant. Mais lorsqu'il eut fini ses louanges, un frémissement traversa mon corps et je levai le bras. La parole me fut à nouveau donnée : « Mesdames et Messieurs, je suis heureux que vous ayez pris la peine de m'écouter, de m'assister et de m'accompagner en ce jour important de mon cursus académique. Je suis naturellement flatté par vos gentils mots de félicitations à mon endroit. En ce moment, toutes mes pensées sont tournées vers la mémoire de mes grands-parents, et je m'incline devant le triste cimetière des planteurs de cacao de mon village. Toute ma reconnaissance va à l'endroit de mon directeur de thèse, sans qui il m'aurait été difficile d'arriver à mes fins, mais j'aimerais conclure le propos de ma soutenance en vous lisant un extrait du poème que j'espère pouvoir publier dans les mois à venir. » De ma poche, je sortis un bout de papier froissé et roulé en boule que j'avais essayé de mâcher et de jeter quelques minutes avant le début de la soutenance. Je le dépliai minutieusement tout en sentant monter la curiosité de l'assistance. Je levai ensuite la tête et fixai tout mon auditoire droit dans les yeux. Mon visage demeura froid, et c'est dans ce silence de mort que je lançai d'une voix claire et convaincue :

Ode à la mémoire de sang

Fils de rats, abattez le millénaire aquatique, empoisonnez la mangrove habile du Ghana, capturez l'unique poisson du Zambèze, estropiez l'indélébile fraternité animale, saccagez l'ultime nudité de l'arbre à paroles, dynamitez les caves montagneuses d'or noir, déstabilisez l'atmosphère héritée des premiers temps, à vils prix de vives vies brûlantes, pillez les années vierges, et assommez le conservatoire souterrain de la dignité essentielle.

Aux hymnes cousus de la monarchie, contre vents et bateaux de ratissage, encensez le festin des océans doublement lynchés, oui, chantez la domestication du reptile, fredonnez le verset de la famille Rothschild, oui, chantez encore et à tort avec Total, récitez le faux aux lèvres de la trompette folle, au disco mesquin des abîmes cinglés, au rock'n'roll étriqué de cent deuils souillés, vive la Monroe belle épouse d'Elvis, laide, sublime sublimissime, épilée jusqu'à l'os du label oxydant. Comme à la guerre des Hollywood trafiqués, comme à la mort cellulaire des terres injectées, comme à la démocratisation organique du cancer paternel.

Friandises humaines au kilogramme cynique, médecins de Medellin, hologramme de la fraude, déclamez l'inévitable mélodie du désastre et sa chirurgie plastique à profusion, faites grimper sa Bourse sanguinaire. Lance-drame au nom du chocolat, au nom de la forêt, au nom du pétrole, au nom du manganèse, au nom de l'uranium, de la bauxite, des éléphants de Côte d'Ivoire et même au nom des hautes cancritudes des empires de papiers. À gorges déployées, criez à coupe-tête, martelez les peuples dissidents des Afriques, qu'ils pissent le sang saillant de la pénitence, vilipendez la sève sacrée des îles Congo, répandez l'infection de vos villes pour un million d'euros, et peignez la tragédie des métropoles dans les moindres villages de l'âme humaine.

Sevrez la pluie féconde comme on ricane du nez, oui, plaisantez depuis le carnage onusien de nos viscères, jusqu'aux bidonvilles du vice, buvez des tasses d'archipels glacés, des ligaments de pesticides boucanés et des tranches d'ossements assaisonnés. Méprisez la quintessence des légumes, vaccinez-nous, vaccinez-vous, pauvres sarcophages de pen-

sées édentées, tonnes d'amnésiques en libertinage toxique, estampillez-les, eux et nous à genoux pour tout, telles de petites personnes de maigres croyances clouées à l'œil d'un inassouvi hurlement de loup.

Camisole cannibale, étouffez-nous, étouffez-vous, fascinante fascination, anatomie de logo, servez-nous des ribambelles de gamètes mâles, des bordels de chairs mastiquées, des ailes femelles de foie gras et des tiges d'épingles déguisées en purée de porc seize fois sursalée, ajoutez-y du jambon de vache clonée et trois mille bonbons de synthèse longuement adulés. Oh my God, OGM que je t'aime, puisque tu m'aimes d'amour éternel, muse d'excrément exhibant cent sabres déviants. Bébés baleines rôtis aux appétits proexotiques, ailerons de phoques écartelés aux barbelés de l'Europe-Afrique, châtiment d'un ciel polaire poignardé à la merci d'une agonie de masse. Qu'il pleuve du macadam en colonnes de fumée, que les hydrocarbures assassinent les Himalaya jusqu'aux tripes du globe, de quoi soumettre la galaxie aux pieds d'un seul paquet de dollars américains.

Boursiers du bitume aux pipelines de fer, décrochez la lune de son orbite, léchez la fente aiguë de son sexe doré et vendez les roches de son âme aux enchères. Musées des afflictions hautement légendaires, allez-y, en armes et en chars d'assaut, piétinez la fertilité primaire des enfances douées. Braves gens fusilleurs des harmonies innées, cols blancs de tueurs en expansion aux Nations unies, depuis la souillure pimentée de l'an 1884, depuis l'inhumaine traîtrise de Berlin, voilez le poumon sudiste de la planète, dynamitez la diversité des organes cosmiques, embastillez l'oxygène des continents jusqu'aux chutes du Brésil exilé.

Portez des masques anonymes, brandissez des diplômes en encre des mines, déshabillez la vérité originelle avec la

Chine, inventez des pandémies mentales, pendez l'humanité à la chaleur massive de vos incinérateurs automatiques, puis à la voracité mesquine de vos vains appétits cloîtrés dans de vastes egos turbulents.

Que des corps d'oiseaux migrateurs pourrissent à l'abdomen du temps à l'envers du vent, qu'ils pervertissent enfin les dômes ensoleillés et le labyrinthe de la mer Rouge jusqu'à l'atome, jusqu'à la moelle intestinale de nos humanités triplement cassées. Figées par le syndrome des croix désaxées, voici venues nos essences de bois sacrifiés, depuis le tendon du Kilimandjaro jusqu'à la tombée des chevilles ostracisées. Vaste soleil noir des horizons amputés, je suis le laboureur des terres marronnes, cultivateur aguerri du PIB mondial confisqué, nous sommes ce riche continent braqué par cinq cents supplices imparables appartenant à cent fauves capitalistes du même nom et par sa mondialisation pourrie.

Oh my God, OGM que je t'aime, puisque tu m'aimes à la mamelle éternelle, je m'adresse ainsi à l'araignée des tropiques, à la vénérable Amazonienne du fleuve des Indes, depuis le traumatisme aigu de la forêt équatoriale, en elle je dédie les Sud avenirs emprisonnés. Au panthéon de la salissure bancaire, je lègue nos longues langues aux dynasties méthodiquement dévalisées, vert noir de nous, submergés d'eaux d'aubes exaltantes enfouies dans la résonance tectonique de là où on ne se laisse jamais.

Parce que la prochaine fois, un de ces matins du jour premier, en conscience et en liberté, nous nous lèverons, quoi qu'ils fassent de notre histoire noire, nous nous lèverons, quoiqu'ils nous croient las et endormis, nous nous lèverons, quoiqu'ils nous croient fantaisistes éphémères, nous nous lèverons, quoiqu'ils nous croient pitoyables fétichistes, nous nous lèverons, nous nous lèverons, nous nous lèverons, nous nous lèverons, tous avec Nous avec tout, enfants d'ici debout, tous au nom de la reconquête subsaharienne, tous un avec les dieux verts recomposés en un tout indomptable.

Et chaque homme, chaque femme, chaque cuisine, chaque foyer, chaque salon, chaque palais, chaque lèvre, chaque langue, chaque bouche, chaque mâchoire, chaque firme, chaque marque, chaque entreprise et chaque multinationale du chocolat occidental portera à jamais dans la conscience indéniable de sa mémoire de souche, non pas seulement le brûlant germe des prochaines grandes révolutions africaines qui frappent déjà à la porte, mais également les traumatiques hontes des gens, les irréversibles sentences du sang des ans, les putréfactions brûlées de la torture noire et les cynismes coagulés des écocides planétaires.

Hautes sueurs des Hommes dressés, nous, tiers-mondistes aux veines de cuivre écartelées, nous, terre sainte d'un continent envoûté, nous, menstrues de femmes africaines violées par les soldats et les armées occidentales, nous, saignements martyrs aux sépultures réveillées, nous, berceau de la civilisation et nous, bout de révolution menée au bec féroce de la grande réappropriation de nous-mêmes. Tout comme dans les prairies esclavagistes de la canne à sucre, nos longs siècles de servitude hurlent définitivement aujourd'hui comme de furieux volcans pétris de 54 000 explosions d'inaliénables vérités.

Assez ! Gueule de chien battu
Va-t'en ! Va-t'en ! Va-t'en ! Va-t'en !
I Am Not Your Negro !

Glossaire

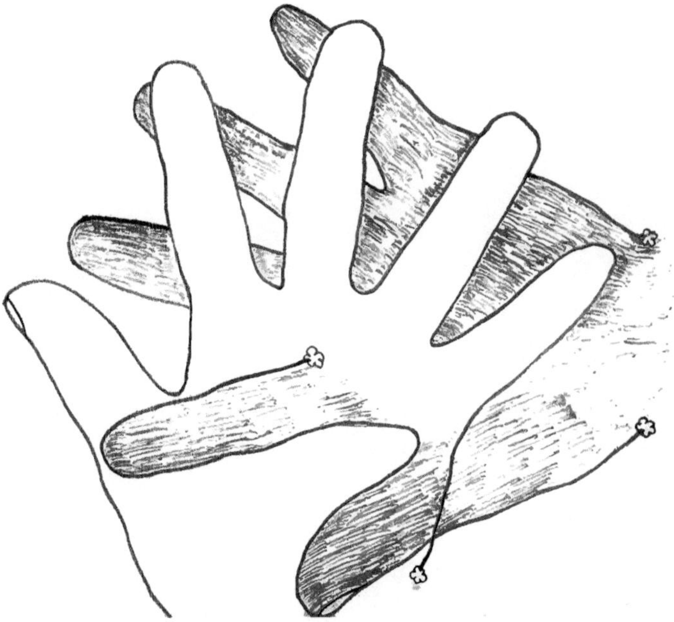

Adjap : Arbre des forêts équatoriales.

Afane-Ibandè : Forêt vierge du village Étoutoua, dans le centre du Cameroun.

Akom Mbè : Au Cameroun, divinité animiste du peuple Ékang. « Be Gwane Bakom Mbè » signifie « les filles d'Akom Mbè ».

Arki : Alcool traditionnel à base de maïs.

Bantu : Peuple ancien d'Afrique.

BBH : Abréviation de beignets-bouillie-haricots.

Bubinga : Très grand arbre tropical, d'un bois rosé à rouge brun, que l'on retrouve dans une partie du bassin du Congo. Il est très utilisé en médecine traditionnelle pour son écorce et ses feuilles.

Bikutsi : Musique et danse traditionnelles, dans le centre sud du Cameroun.

Bozayeur : Migrant.

Chococam : La société Chocolaterie Confiserie Camerounaise est une entreprise agroalimentaire spécialisée dans la fabrication de produits du chocolat et de confiseries.

Chocolat Cailler : Marque de confiseries industrielles chocolatées fondée par le Suisse François-Louis Cailler en 1819.

Cresyl : Puissant désinfectant à base de crésol.

Essingan : Arbre rare et mystique de la forêt équatoriale, en Afrique centrale.

Gamofel : Dangereux insecticide agricole.

Ha'a : Alcool traditionnel à base de vin de palme.

Kanga: Poisson d'eau douce qui a fait la notoriété du fleuve Nyong, dans le sud du Cameroun.

Kola: Graine du kolatier, qui contient des alcaloïdes stimulants, appelée aussi « noix de kola ».

Macabo: Plante tropicale originaire du bassin de l'Amazonie dont les tubercules riches en amidon sont consommés.

Mambo: Marque de chocolat au Cameroun, filiale du groupe sud-africain Tiger Brands.

Matango: Boisson alcoolisée extraite du palmier ou vin de palme.

Mbènguiste: Personne vivant en Occident, en argot du Cameroun.

Mvet: Instrument de musique à cordes, en Afrique centrale.

Ngoa Ekélé: Université de Yaoundé.

Obom: Tissu traditionnel à base de fibres d'écorce d'un arbre qu'on appelle « aloa ».

Odontol: Alcool traditionnel à base de vin de raphia ou de palmier d'Afrique.

Oyenga: Cri de ralliement des hommes et des femmes Béti, au Cameroun.

Ozila: Danse traditionnelle initiatique, au Cameroun.

Quetzalcoatl: Divinité précolombienne.

Tchicaya U Tam'si: Écrivain congolais (1931-1988).

SODÉCAO: Société de développement du cacao, au Cameroun.

Songo: Jeu de société, stratégie africaine.

Tobassi: Charme, potion d'envoûtement.

Zambèze: Grand fleuve d'Afrique australe.

Informations complémentaires sur le cacao

- Selon le Conseil international du cacao, l'industrie chocolatière mondiale a généré 100 milliards de dollars de chiffre d'affaires en 2021. Les pays producteurs ne touchent que 6 % de ces 100 milliards dont seulement 2 % reviennent aux cultivateurs de la fève. <www.icco.org>

- Selon Daniel Kablan Duncan, ex-vice-président de la République de Côte d'Ivoire, premier producteur mondial de cacao, la consommation totale du chocolat en Afrique est d'à peine 4 %.

- Le protocole Harkin-Engel est une convention sur la culture et le traitement du cacao signé en 2001 par d'importants acteurs de l'industrie du cacao et du chocolat, sous l'impulsion du député à la Chambre des représentants des États-Unis Eliot Engel et du sénateur américain Tom Harkin. La signature de ce protocole faisait suite à des révélations selon lesquelles le cacao en provenance d'Afrique de l'Ouest est souvent le produit du travail d'enfants, généralement originaires d'un pays voisin. Ces enfants, qui ont souvent été l'objet d'un trafic, travaillent dans des conditions qui s'apparentent à de l'esclavage.

- Le rapport de l'Institut NORC de l'Université de Chicago signale que 1,56 million d'enfants travaillent encore aujourd'hui dans les plantations pour la production accélérée du cacao. Entre 2008 et 2019, le travail des enfants a augmenté de 14 % dans les plantations du Ghana et de la Côte d'Ivoire. <www.norc.org/PDFs/Cocoa%20Report/NORC%202020%20Cocoa%20Report_French.pdf>

- D'après le Fonds des Nations unies pour l'enfance (UNICEF), environ 15 000 enfants sont encore esclaves dans les plantations de cacao. Loin de chez eux et sans parents, ils survivent au jour le jour en fournissant des tonnes de cacao illégal aux géants de la chocolaterie mondiale.

- Le prix d'achat du cacao auprès des producteurs ivoiriens a connu une baisse de près de 20 % en 2021, selon l'AFP. En Côte d'Ivoire, premier pays producteur mondial, le kilogramme de cacao se vend à 825 francs CFA, soit 1,25 euro ou 1,75 dollar canadien.

- En 2021, les ventes réalisées en Suisse par 16 fabricants helvétiques de chocolat se sont élevées à 783 millions de francs suisses (1,11 milliard de dollars canadiens), soit une augmentation de 7,7 % par rapport à 2020. Les exportations ont quant à elles affiché une croissance de 15,5 %, à 926 millions de francs suisses (1,31 milliard de dollars canadiens). <www.chocosuisse.ch/fr/>

- Fondée il y a plus de 156 ans et aujourd'hui présente dans 186 pays, Nestlé est la première entreprise agroalimentaire mondiale et la plus grande entreprise laitière du monde.

- En novembre 2021, à l'occasion de la 26e Conférence des Nations unies sur les changements climatiques (COP26) qui s'est tenue à Glasgow, en Écosse, 140 pays ont signé une Déclaration sur les forêts et l'utilisation des terres afin de stopper la déforestation mondiale d'ici 2030.

- L'empreinte carbone d'un kilogramme de chocolat tourne autour de cinq kilogrammes d'équivalent CO_2. <www.sami.eco>

Du même auteur

Les a capella du bois. Sculptures sur poésie, Paris/Yaoundé, Éditions ArtDéclic, 2012.

Les hirondelles de Mebou, coécrit avec Faustin Embolo, Yaoundé, Maison des savoirs (MDS), 2018.

Collectif Anthology, *Cendres et mémoires*, Le Plessis-Trévise, Teham, 2019.

Opinion poétique, coécrit avec Caroline Despont, Paris, L'Harmattan, 2020.

Collectif, *Corpses of Unity: An Anthology of Poems / Cadavres de l'unité. Une anthologie de poèmes*, Nairobi, Édition Vita-Books, 2020.

TITRES DE LA MÊME COLLECTION

Des bonobos et des Hommes. Voyage au cœur du Congo
Deni Ellis Béchard

Québec-Presse. *Un journal libre et engagé (1969-1974)*
Jacques Keable

Kuei, je te salue. Conversations sur le racisme
Deni Ellis Béchard, Natasha Kanapé Fontaine

À bout de patience. Pierre Perrault et la dépossession
Olivier Ducharme

Gens de mon pays. Portrait de Saint-Germain-de-Kamouraska
Roméo Bouchard

Mégantic. Une tragédie annoncée
Anne-Marie Saint-Cerny

Décoloniser le Canada. Cinquante ans de militantisme autochtone
Arthur Manuel, Grand Chef Ron Derrickson

L'affaire Maillé. L'éthique de la recherche devant les tribunaux
Marie-Ève Maillé

Le droit au froid. Le combat d'une femme pour protéger sa culture, l'Arctique et notre planète
Sheila Watt-Cloutier

Qui sommes-nous pour être découragées ? Conversation militante avec Lorraine Guay
Pascale Dufour, Lorraine Guay

Les fous crient toujours au secours. L'histoire de Ferid Ferkovic
Sadia Messaili

Les savoirs vagabonds. Une géopoétique de l'éducation
Thierry Pardo

Bolivie : l'illusion écologiste. Voyage entre nature et politique au pays d'Evo Morales
Dimitri de Boissieu

Sauver la ville. Projet Montréal et le défi de transformer une métropole moderne
Daniel Sanger

1972. Répression et dépossession politique
Olivier Ducharme

Délivrez-nous de la prison Leclerc ! Un témoignage de l'intérieur
Louise Henry

Rapailler nos territoires
Stéphane Gendron

Faites circuler nos livres.
Discutez-en avec d'autres personnes.
Si vous avez des commentaires,
n'hésitez pas à nous les faire parvenir.

écosociété

ÉDITIONS ÉCOSOCIÉTÉ

C.P. 32 052, comptoir Saint-André
Montréal (Québec) H2L 4Y5
ecosociete@ecosociete.org

www.ecosociete.org

DIFFUSION ET DISTRIBUTION

Au Canada : Diffusion Dimedia
En Europe : Harmonia Mundi Livre

Deuxième tirage

Achevé d'imprimer en juillet 2023 sur les presses
de Présence Graphique à Monts (37), en France,
pour le compte des Éditions Écosociété